U0642683

勿使前辈之遗珍失于我手
勿使国术之精神止于我身

百家功夫

王映海传

戴氏心意拳精要

王映海 口述　王喜成 主编

北京科学技术出版社

编 委 会

主 编

王喜成

编 者
（以姓氏笔画为序）

张全海　赵肖波

骆　琛　袁天辉

黄志宇　蒋　涛

谨以此书纪念戴氏心意拳大师

王映海先生诞辰九十一周年、逝世五周年

并献给

所有寻求武术之道的人们

戴家是祁县为数不多的富豪之一，被称为
晋商，历代在全国范围内经商。图为王映海在
戴隆邦故居前演示心意拳

河南省广盛镖局，是戴隆邦、戴二闾、戴
大闾、郭维汉等人与其他武术家交流、探讨拳
艺的场所之一

戴隆邦宗师纪念碑

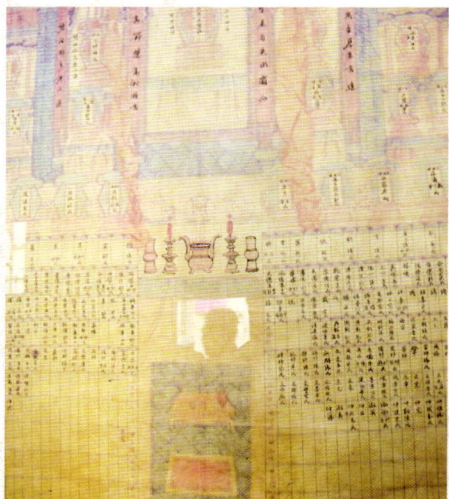

戴氏神轴，记载着戴家历代先祖的名字

晋商镖局所用镖车

戴隆邦故居走廊中天花板上的壁画，传说每幅画表现的都是拳谱

2011年7月，王映海与王喜成应邀参加在北京举行的非物质文化遗产——戴氏心意拳研讨交流大会

图中表现了镖师的思维方式和生活中应当注意的事项

2008 年 5 月，王喜成与爷爷王映海摄于日本松山练习会期间

王映海在日本讲解戴氏心意拳

2009 年 9 月，王映海（前排坐者中）、王喜成（前排坐者左）受袁天辉（前排坐者右）邀请赴日讲拳时留念

王喜成夫妇与徒弟在收徒仪式上。左起：吕赵军、任永丽、王喜成、刘淑华、公衍峰

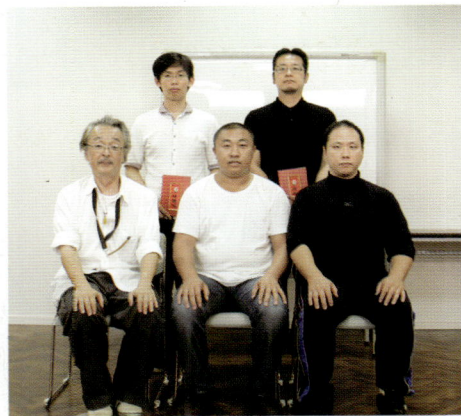

王喜成与日本同门及弟子。前排左：村上正洋（日本福昌堂武术杂志总编辑）；前排右：江口博（日本祁县映海戴氏心意拳俱乐部东京分会代表、王映海弟子）；后排左：神谷龙光（王喜成弟子）、江头正泰（王喜成弟子）

王喜成（二排左起第十二人）出席首届戴隆邦心意拳高峰论坛

2016年10月30日王喜成于北京收徒仪式上。左起：梁治国、赵肖波、张玉牛、张全海、黄志宇、王喜成、王跃平、蒋涛

王喜成与徒弟合影于戴隆邦故居。前排左起：赵肖波、刘淑华、王喜成、张玉牛、张海柱。后排左起：秦长伟、吕赵军、公衍峰、李建磊、王存池、梁治国

序　一

　　我幼时就喜欢听评书《童林传》，深受中国传统武侠文化影响。

　　近三十年接触了很多传统武术和传承人，由形意拳术而始知戴氏心意拳，颇怀溯源之意。后结识戴氏心意拳传人王喜成，观其拳路能守古格，令人眼前一亮，为其祖父王映海先生所传。喜成居于乡野，为人干脆豁达，使我有幸能窥戴氏心意之一斑。结识喜成后，常怀心愿将他和戴氏心意拳介绍给北京的朋友。

　　2011 年 6 月 24 日，我将王映海、王喜成请到北京，在"对外经贸大学成立六十周年"活动中，王映海前辈及王喜成对戴氏心意拳的源流、拳理、技法进行了生动细致的讲解，深受在场观摩的武术行家们的赞誉。

　　一次偶然的机会，喜成将日文版《戴氏心意六合拳技击精要》一书拿给我翻看，我发现这本书编写非常用心，整体框架完整系统，要领描绘细致准确。这么高质量的传统武术书籍国内少有，遂有了帮王喜成将日文版书籍翻译成中文并回归国内出版的想法。

　　此事得到了蒋涛、骆琛、张全海的大力响应，紧张的一年多时间完成了整个翻译、修改、校对工作，终于能够出版发行。此书我参加了部分整理工作，大量工作都是由蒋涛、骆琛、张全海完成。看到最后出版成书，遂有心愿已了的感慨。

　　也祝喜成能够继续精研拳理，百尺竿头再进一步。

黄志宇

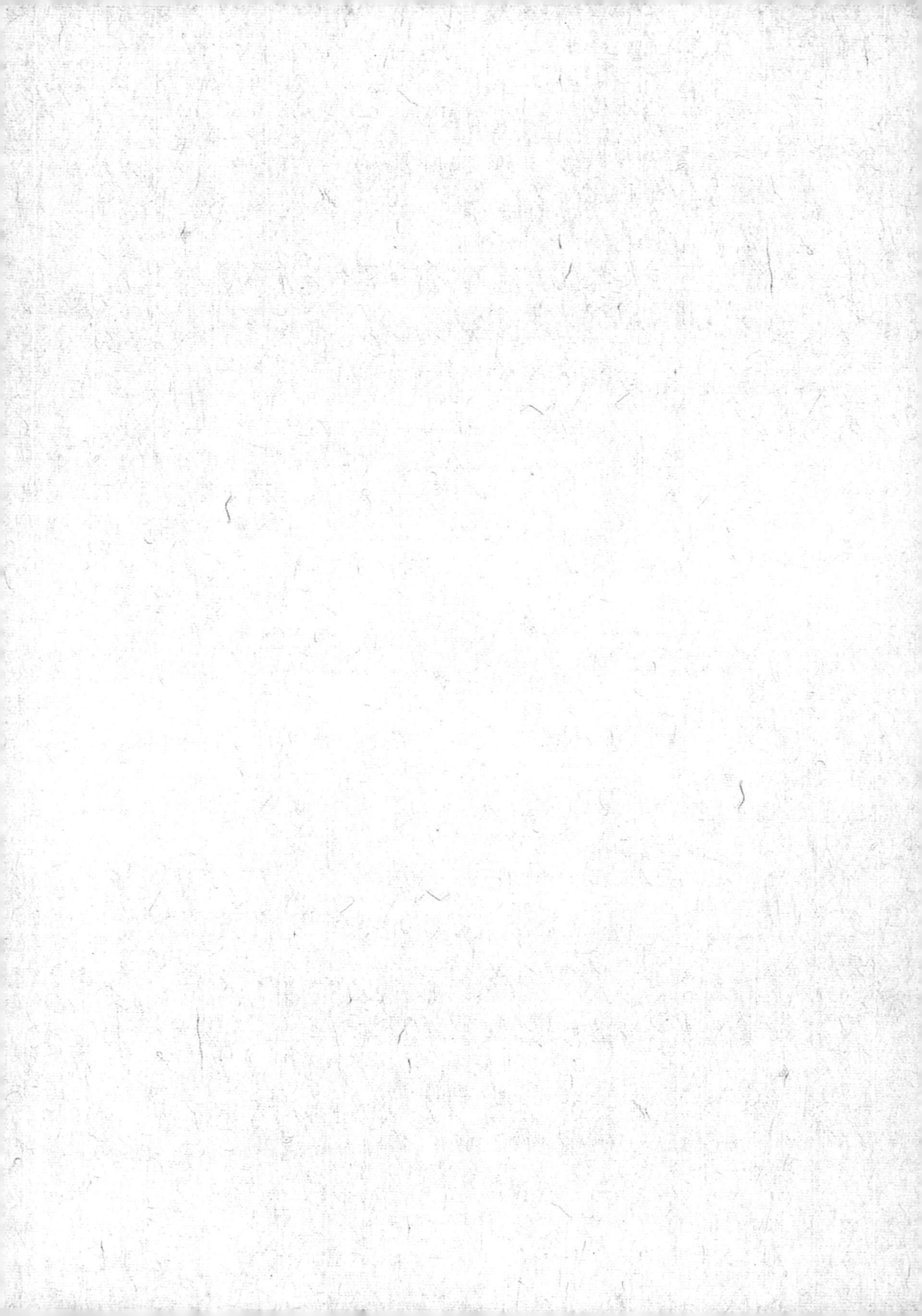

序 二

作为 20 世纪 70 年代生人，小时候深受武侠小说和功夫片的影响，我对于武功绝学充满向往，大学时代学过太极拳和一指禅等，走入工作岗位后便忙碌起来，无暇顾及。2006 年，因为身体方面原因，想学习传统武术。传统武术门派众多，每个门派里面又有众多流派，对于武术爱好者来说选择也不容易。我有幸结识了武术万维网创始人黄志宇，他这些年通过万维网接触到很多的武术名家，王喜成师父是其中很有特色的一位。王喜成年纪不大，但功夫很纯，讲解拳术简明扼要，没有过多的玄虚包装，都是实在的道理。他把生活的经验结合到拳谱拳理和亲身演练来讲解，很多自己不清楚的问题经他一分析，豁然开朗。

我跟随王喜成师父学习心意拳三年，收获非常大。戴家心意拳有清晰的功夫成长系统，内家拳三大流派——太极、形意、八卦，其共同核心是内功，以内动带动外动，"意到气到，气到劲动"，内功上身，才算走上功夫之路。可是如何练出内功来，各家门派或者秘而不宣，或故弄玄虚绕很多弯路，或者缺乏系统而有步骤的训练方法，所以，不少习练内家拳多年的朋友，却不知道真正的内功怎么练出来。

戴家心意拳有一套系统的练习步骤。第一步是身法——戴家拳的核心秘密蹲猴桩，也是中国功夫的瑰宝。通过蹲丹田，束展缩涨蓄养出丹田的内劲。第二步是步法——搬丹田，把丹田劲发到脚上和手上，所有的手脚动作都由丹田发动。第三步拳法，通过不同招式练习各种劲的发放。按照这个步骤，功夫成长过程一步步很清晰。

王喜成师父教拳也很有办法。身法锻炼很枯燥，就是一个束展的动作，可是要求很高，细节各部位要练好很不容易。

王师父根据学生徒弟的不同功夫程度，针对性地提出不同阶段的要求，引导学生分阶段掌握要领。很多人学拳坚持不下去，就是练拳得不到有效的反馈，不知道如何有效地进步和提高。而依照王师父的针对性要求学习身法的时候，自己能清晰感受到阶段性的进步，就有兴趣和动力能坚持学习下去。

作为忙碌的互联网从业人员，我很担心自己时间不够、练不好拳，但王喜成师父说：最关键的是练习方法正确，练拳的质量（正确率）比数量更重要，每天二十分钟到半小时正确的练习就够了，长时间练习错误率多，不如时间短却正确率高的练习。这个道理很有意思，通过正确的练习形成"身体记忆"，才能更好地掌握要领。

练习心意拳对身心健康都有很大益处，一趟蹲猴桩练下来，手指肚、脚趾都有明显发涨的感受，气血循环达到末梢。生理健康和心理健康也有紧密联系，不好的情绪和心理会导致身体的疾病，反过来身体疾病也会引发不良的情绪，而身体气血通畅会带来心情舒畅。所以，我们看到很多学习内家拳治好多年疾病的例子，民国著名人士章乃器三十多岁曾因劳疾晕倒在办公室，习练形意拳几个月后身体就感觉大好，可以健步数公里。为此他经过一番研究，专门著书《科学的内功拳》，阐述内功拳锻炼为什么带来身心健康，核心点就是避免不必要的紧张。

王喜成师父教拳最常说的一句话：生活中自然的样子是什么，练拳放松的要领就是这个。

只要按正确要领练习，健康就会来到；按照步骤逐步成长，内家功夫也会上身。戴氏心意拳是中国武术的瑰宝，衷心期待更多朋友加入戴氏心意拳的行列。

蒋　涛

序 三

2012年1月底，我拿着这本书（日文版）的稿子和录像拜访了家师王映海先生。那时候，师父已经开始了与病魔的决战。

我在祁县师父家中逗留了几天，每次去看望师父，老人家一边看着稿子和录像说："好，很好！"一边给我讲解戴氏心意拳的历史和内容。

有一天，我去看他，他躺在床上，拉着我的手说："这样打，得这样打才对。"老人家已经不能站起来了，但是精神和我拜师的时候一模一样。坐在他身边的我被他控制，完全失去了平衡。他病了，他瘦了，但是他的意志还是那么的坚强。师父还是师父，从来没有变。

1997年，我开始向师父学习戴氏心意拳。映海师父和仲连师兄、喜成……一起热情地教导我这个没有才华的人。

2009年，祁县映海戴氏心意拳俱乐部（此俱乐部在日本）分别在5月和9月邀请师父东渡，给日本的众多武术爱好者带来了学习戴家拳的机会，得到无数赞誉。此后，我们每年邀请喜成来日本教拳，使戴氏心意拳在日本扎根。

这本书的日文版出版于2012年3月。由师父监修，喜成老师起稿，徐濠翻译，最后由本人根据日本人的习惯加以补充，以"不愧对戴氏心意拳的传统"为目标而著。

日文版出版以来，深得读者好评。读者认为，这本书具有戴氏心意拳的科学性、哲学性和教育性，是一本超出武术书籍范围的佳作。

　　这次，这本书终于可以在生养戴家拳的故乡中国出版。如果能得到中国读者的好评，我作为一个日本的戴氏心意拳练习者，会感到非常地高兴！

袁天辉
于日本

自 序

　　《王映海传戴氏心意拳精要》一书付梓出版，我甚为喜悦欣慰。戴氏心意拳和我国许多拳种一样，是民族文化传统武学的瑰宝，其独特的拳理功法训练体系日益受到海内外武术爱好者的关注。戴氏心意拳本是戴家秘传拳法，基本是族内传承，所以有"只见戴家拳打人，不见戴家人练拳"之说。直到戴魁先生才始传与众多外姓门人。

　　祖父王映海作为戴魁传授的佼佼者之一，为戴氏心意拳的继承和传播做出了重要的贡献，海内外从学者甚众。本书的面世，上可告慰祖父在天之灵，下可传留后人拳学理法，为弘扬戴氏心意拳留存了珍贵的资料。

　　本书出版的缘起是：祖父在日本教拳时，有位学生叫原田惠二（中文名袁天辉），是一位小学老师，多才多艺，对中国文化颇有兴趣，跟随祖父学习戴家心意拳多年，尊师重道。他用时两年多编写了日文书《戴氏心意六合拳技击精要》，在日本自费出版，并将著作权授权于我。后来国内的武友看到这本书，发现书中很多汉字能看懂意思，尤其图片制作精良，通过制图非常直观地描述拳术运动的劲路，极具参考价值。但毕竟书中日文无法理解，所以武友们很期盼出中文版。

　　黄志宇先生热心武术公益事业，创立武术万维网多年，吸引了全球武术圈内外的众多专家学者和各拳种门派老师及爱好者，享有极高的声誉。黄站长曾为推广戴氏心意拳而邀请祖父王映海及其弟子包括我在内到对外经贸大学做交流讲座，获得良好的效果。此次闻知广大武友出书的心声，毅然决定倾力相助，玉成此事。

　　黄站长邀请了武术万维网的资深网友蒋涛、张全海、骆琛等组成团队，共同整理中文译本。蒋涛先生是CSDN创始人、《程序员》杂志总编辑以及极客帮创投合伙人，喜爱传统武术，涉猎多家，经黄站长介绍与我相识，并学习戴家拳，后拜我为师。此次出书工作的场地、设备、餐饮、住宿大多为蒋涛先生提供；张全海先生为人民大学博士毕业，现为人民大学《档案学通讯》杂志社编辑部主任，习练河南心意拳，对心意拳史颇有研究，曾实地考察，搜集资料，谨慎考证，写过很多相关文章。骆琛先生是武术万维网传统中国版版主和佛学论坛版版主，酷爱传统文化、道佛武学，对传统武术知识了解丰富，文笔极佳，能够将译文及我对戴家拳的理念传情达意地描述出来，且全程参与了本书的整理工作。还要感谢我新收的弟子赵肖波为本书补充资料。

　　我们一起逐字逐句校对译文，订正了文中错误和不通之处，原书中没有写到的祖父传的口诀和我多年的练拳经验也补充到适当章节，希望给本书增彩，给爱好戴家拳的武友多些回馈。

　　由于大家都有自己的工作，平时都比较忙，很难聚在一起，所以这个工作持续时间也比较长，用了两年左右时间分段编校，最后完成全书的整理。在此，我对黄志宇、蒋涛、张全海和骆琛深表感谢，没有他们的大力支持和积极参与，本书是很难完成的。

　　促成本书出版的还有王跃平老师。喜欢武术的同道可能都知道山西科学技术出版社，该社近年出版了很多武术专著，大部分都是王跃平老师参与策划的。王老师退休后受聘于北京科学技术出版社，在当今这个物欲横流、诱惑遍地的时代，作为资深出版人，王老师坚守在传统武术这个小众文化阵地上精心耕耘，发掘整理出版了很多有价值的武学书籍，对武术的传播与继承有很大贡献。初期的组稿会谈中，王老师就问我书里有没有"干货"，意思是希望书中要有真东西，王老师还说这是要留给后人的，意思是著书立说流传后世，应该不愧对祖先、不贻误后学，留下有真材实料、有价值的东西。在此衷心感谢王跃平老师。

我从小跟祖父学拳，祖父对我耳提面命、口传心授，经过多年习练，拳艺不断提升，得到很多朋友的认可，有慕名前来与我学拳的，我也奔波于国内外去教拳，习拳、教拳都积累了很多经验。这次出书，对我既是一个学习的过程，也是一次总结。由于我们水平有限，时间紧迫，书中存有这样那样的问题，尚请诸位贤达多多包涵，不吝指正，以期使我们的作品更加完善圆满。

王喜成

目　录

传　承

基础理论

介绍篇

技法篇

身 法

步 法

手 法

五行拳

四 把

用 法

磨 手

传承

1 戴氏心意拳的历史和传承

● 历史概要

相传，岳飞为心意拳鼻祖，神枪姬际可则是中兴心意拳的一代宗师。历经数代，戴隆邦家族发展了心意拳。戴氏心意拳是一种神秘的拳法，直至第四代都只传给极少数人。李洛能学到戴氏心意拳后，创出了形意拳，并在山西、河北等地传授，其弟子遍布中国各地。后来，泽井健一在中国跟随王芗斋学习意拳（由形意拳演变而来），并在日本创立并普及了太气拳。

戴氏心意拳传授至第四代传人戴魁之后，随着时代变迁，拳法外传，第五代衣钵继承人王映海不仅将戴氏心意拳传授给了国内习武者，同时指导美国、俄罗斯、日本等国外的众多习武者，使戴氏心意拳这一中国武术瑰宝在全世界得到发扬和传播。

王映海传戴氏心意拳系谱

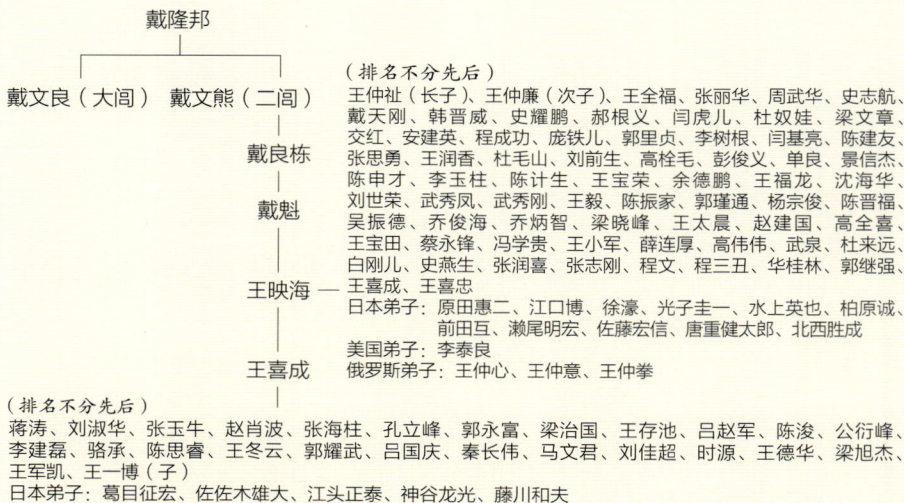

```
                    戴隆邦
            ┌──────────┴──────────┐
        戴文良（大闾）        戴文熊（二闾）
                                 │
                              戴良栋
                                 │
                               戴魁
                                 │
                              王映海 ── 王喜成、王喜忠
                                 │
                              王喜成
```

（排名不分先后）
王仲祉（长子）、王仲廉（次子）、王全福、张丽华、周武华、史志航、戴天刚、韩晋威、史耀鹏、郝根义、闫虎儿、杜奴娃、梁文章、交红、安建英、程成功、庞铁儿、郭里贝、闫基亮、陈建友、张思勇、王润香、杜毛山、刘前生、高栓毛、彭俊义、单良、景信杰、陈申才、李玉柱、陈计生、王宝荣、余德鹏、王福龙、沈海华、刘世荣、武秀凤、武秀刚、王毅、陈振家、郭瑾通、杨宗俊、陈晋福、吴振德、乔俊海、乔炳智、梁晓峰、王太晨、赵建国、高全喜、王宝田、蔡永锋、冯学贵、王小军、薛连厚、高伟伟、武泉、杜来远、白刚儿、史燕生、张润喜、张志刚、程文、程三丑、华桂林、郭继强
日本弟子：原田惠二、江口博、徐濠、光子圭一、水上英也、柏原诚、前田互、濑尾明宏、佐藤宏信、唐重健太郎、北西胜成
美国弟子：李泰良
俄罗斯弟子：王仲心、王仲意、王仲拳

（排名不分先后）
蒋涛、刘淑华、张玉牛、赵肖波、张海柱、孔立峰、郭永富、梁治国、王存池、吕赵军、陈浚、公衍峰、李建磊、骆承、陈思睿、王冬云、郭耀武、吕国庆、秦长伟、马文君、刘佳超、时源、王德华、梁旭杰、王军凯、王一博（子）
日本弟子：葛目征宏、佐佐木雄大、江头正泰、神谷龙光、藤川和夫

● 戴氏心意拳传承者

戴隆邦

戴隆邦，祖籍山西祁县小韩村，清中晚期时人，戴氏心意拳创始人。

根据《戴氏家谱》记载，戴氏家族曾有七人为官，大至巡边大臣，小至七品县令，官商一体，文武两道，代有显宦，是既有马术又有武术的多才门第。

清中晚期，戴隆邦与其子戴文良（大闾）、戴文熊（二闾）在河南赊旗开设广盛镖局。他重义轻利，坚持以武会友的宗旨，十几年积极地与武术名家们切磋技艺，谦虚好学，博采众长。戴隆邦将河南李政的心意拳、山东金世魁的螳螂拳等各家拳法精华融合在先祖戴芝传承的家传武学（蹲猴桩等）基础上，创立了独具特色的戴氏心意拳。

戴氏心意拳创始人戴隆邦

戴二闾

戴二闾，又名文熊、二驴，戴隆邦次子。戴家虽然盛名在外，但风险迭出，常有朝不保夕之感，便以山西地方风俗，越以贱物为名便越能长久平安。加上文熊力气较大，脾气暴躁，故取名二驴。

二驴功成名就之后，人们认为如此称呼太过不雅，便用谐音改"驴"为"闾"，以表敬意。戴二闾从小臂力超人，跟随父亲戴隆邦学习家传武学，全面地继承了戴家的拳械功法。

戴二闾练习戴氏心意拳的基本功蹲猴势，与人交手时，一发功就能把人击出二丈之外。

戴二闾

成名之后，有商人请他为商行保镖。回到故乡山西时，当地武术名家甚多，与戴二闾交手者无人能胜出。之后，戴二闾离乡三年学习武艺，再度回乡，与其父共同开

设了广盛镖局。镖局由其兄长戴大闾以及戴良栋、任志等任镖师，活动范围涉及山西、陕西、湖北、安徽、江苏、山东、河北、北京、天津等地。

镖局在走镖时，镖车插上写有镖局名称的镖旗，镖师还要一路喊出镖局的名称，一为显示镖局的名声，二为知会沿路江湖之人不要动邪念，也表示对沿途人们的尊敬。因当时河北沧州为武术之乡，各地镖局为了表示对沧州武界的尊重，一进入沧州界内就把镖旗收起来，也不再喊镖。有一次，广盛镖局镖走山东，路过沧州，因为刚入行，不懂规矩，一边喊镖一边护送，沧州武界尹玉文等三名武师拦路兴师问罪，戴二闾一再表示歉意，可三名武师就是不依不饶，一定要与之交手，结果三名武师均败北。自此"戴家拳"名声大震，广盛镖局誉满天下。

戴良栋

戴良栋（1824—1915年），广盛镖局时期的著名镖师。戴二闾之子五昌去世后，挑选戴良栋为继承人。他是祁县县衙捕快班头，人缘好，武功好，祁县的社会治安好于邻近各县。戴良栋力擒黄河四匪的事迹广为流传，传说在他休致（退休）后，当地发生了一起洋人强奸汉女的大案，知县为破案，不得不请他出山捉拿罪犯。戴良栋不顾年迈，为伸张正义，受命出山，他循物追侦，查到了洋教士的隐匿之处，但县衙捕快不能进去直接抓人。洋教士为西方搏击高手，为引蛇出洞，戴良栋在当地设擂台，洋教士不知是计，自视技艺高超，上台打擂，正中戴良栋下怀。结果戴良栋凭戴家神拳制伏了洋教士，洋教士最后不得不认罪。智破洋奸案件之后，戴良栋被誉为"武林神探"。

戴良栋不仅拳法高超，在器械方面的造诣也很深，他在整理、归纳心意拳的器械方面做出了很大的贡献。

戴魁

戴魁（1875—1951年），乳名祥云，戴良栋之子。据说，民国时期内蒙古有个拳霸屡屡掠夺晋商的商品，戴魁遂赶往草原保护晋商，同时在当地传授戴氏心意拳。当地有个武师绰号叫"六十二"，他的一个学生（祁县人）经常到戴魁处学习，回去后多次向"六十二"提起戴魁的非凡武功，这招致了"六十二"的嫉妒。他多次向戴魁挑战，但戴魁每次都假称不在，避免与之交手。最后，"六十二"找到了戴魁的住处，见面时戴魁还是谦虚地说："我不及你武功高强。"拒绝应战，但"六十二"执意要与其比武，径直闯了进来，戴魁为了表示自己无意应战，坐在椅

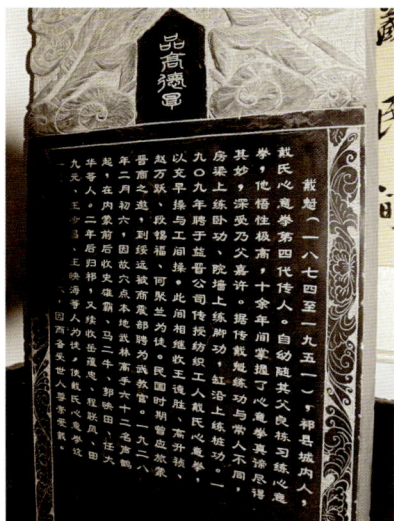

第四代传人戴魁生平

戴魁像

戴魁在内蒙古包头时的照片

戴魁晚年居住过的"圣忠庙"

子上抽起了烟。但是，"六十二"突然挥拳过来，戴魁坐着没动，随手用烟管点了一下"六十二"的穴位，"六十二"当即倒地。戴魁走过去向"六十二"道歉说："失手了。"并要给他解穴。"六十二"说："不用。"回去后没几日就死掉了。

1941年，戴魁被祁县晓义村人程振武请至晓义村教他的次子程占元习武，后因故离开程家，晓义的村户（副村长）田九元就把戴魁接到晓义村东南方向的圣忠庙居住。当时圣忠庙有良田十几亩，戴魁住到圣忠庙后，周围村里的徒弟和学生帮助其干活种地，维持晚年生活。

当时，晓义村的李耀先在圣忠庙与戴魁一起吃住，因为李耀先是单身，没有负担，为了免费在圣忠庙吃住，于是义务为戴魁做饭。

戴魁在圣忠庙住了6年之久，期间帮助共产党搞联络活动工作，与太汾区区长（太谷县人，真名：白云，化名：石瑞）和地下党人郭凤山（太谷县六门村人）、王心宝（晋东南地下工作人员）等人进行联系。当时，地下工作人员到圣忠庙找戴魁的暗号是用砖在圣忠庙后墙上敲三下，戴魁才打开大门。戴魁睡觉也不脱内衣，经常在枕边放七根铁蛋儿（弹弓），以防御敌人的进攻。

1947年左右，由于风声紧，戴魁搬到庸进宫居住，给程振武的药铺和粮店看门。1949年，程振武逃往北京，同年，程振武的药铺和粮店归晓义村集体所有，戴魁住到徒弟田九元家，徒弟们继续帮戴魁种地供其生活。

土改时，圣忠庙的土地归村里所有，戴魁将分到自己名下的程振武家房子卖掉了，至临终时一直在田九元家，当时在场的只有田九元一人。随后晓义村的杨克民、程连凤、保威、连盾子、王步昌、王映海等弟子们用王步昌家的牛车把戴魁的遗体拉到戴魁家祖坟（祁县城西南），并举行了简单的丧葬仪式。路过贾令村时，岳蕴忠也一起给戴魁送葬。

戴魁在祁县的徒弟里最有经济实力的是段锡福，帮助戴魁生活最多的也是段锡福。田九元、程连凤、王步昌、王映海等经济拮据的师兄弟们为什么能够向戴魁学习戴氏心意拳呢？因为当时兵荒马乱，军阀混战，戴魁需要晓义村的农民徒弟们养老送终。

王映海

王映海（1926—2012年），乳名桃园，人称桃园师傅。山西省祁县东观镇（原晓义乡）北堡村人氏，戴氏心意拳的第五代传人，著名武术家。王映海师从心意大侠戴魁先生，潜心修炼七十余年，是当代戴氏心意拳的集大成者，其弟子遍布世界各地。

他15岁师从戴魁学艺，虽一生务农，上学甚少，但他凭借勤学苦练，把戴氏心意拳的技艺掌握在身，并能原原本本地口述出来，分门别类、系统梳理。

1984年，山西省祁县创办武术协会，王映海被推荐为副会长。

20世纪80年代以来，海内外众多研究者、爱好者频频拜访王映海，与他切磋戴氏心意拳，其精湛的武艺屡屡赢得赞誉。

王映海曾赴全国各地进行武术交流与观摩。他的拳术被人们推崇为"最后的秘传武术""战无不胜的实用性拳术"。

王映海出身贫寒，从小就退学养家。戴魁虽出身富裕人家，但因时代变迁而渐渐没

王映海

落，流落到晓义村，因其无子嗣，于是便破了家规，将拳术传给外姓人。

王映海因苦于无法读书，看到戴魁传授拳法，就在一旁跟着学，同时帮着师父做些杂事。

到了十七八岁，王映海靠卖蔬菜照顾师父生活，心无旁骛地习武。

跟着戴魁学习拳法要严守规矩，不能多问。有时候王映海问师父："师父能给我本书看看吗？"戴魁则说："戴氏心意拳是口传的拳术，是要装在脑子里的，写在书上是会丢掉的。"口传心授是戴氏传统的教学方法。戴魁恪守了"武术宁可失传，不可滥传"的拳规。

练习拳法的故事

王映海刻苦练拳习武，坚持不懈，同时，对师父诚心诚意，尽为子之孝，即使自己在生活艰苦的情况下，还是践诺"一日为师，终身为父"的训诫，最后得到了戴魁的真传。

1951年，戴魁病故，享年77岁。当时王映海只有25岁，他与王步昌、田九元、程连凤、岳蕴忠等人一起为师父举办了简单的丧葬仪式。

王映海先生在八十多岁的时候，仍面色红润，银发须眉，耳聪目明，步伐轻

快，可骑自行车10公里。王映海妻子罹患精神病，三儿子有智障，所有洗涮、做饭等家务事全都是王映海一人承担。尽管家务繁忙，但是王映海每日练拳的习惯始终未变。

不管春夏秋冬，他每天都早早起床，寻幽静的地方练拳，比如到河滩。他年轻时经常在乌马河沙滩练拳。他踩过去的脚印，返回来时还原封不动地踩在原来的脚印里。他说："经常在河滩里练拳，到平坦的地方走起来飞也似的轻快。"赶上下雪天，他就早早起床，带上木铲开道，在雪地里练。农忙时期，每天出工没有空闲，他就带上锄头或镢头在上工的路上一边走一边反复练拳。

20世纪60年代，家里没有吃的，晚上他先让孩子们吃饱，自己只吃一点。虽然他经常饿着肚子，但是也没有间断练拳。有时候他在炕沿上练，练完了睡觉。他的次子王仲廉六七岁时就跟着父亲学练拳，二十几岁时就掌握了戴家拳的真传。

农业合作社时期，王映海经常去外县卖瓜果。

有一次，来了一伙人吃了瓜果没给钱，并且扬言晚上还要来。于是，王映海等人商议："晚上咱对付一下吧。"王映海说："你们敢吗？"几个伙计说："敢！"

果然，晚上那伙人又来了。王映海就用戴氏心意拳将为首一人发了出去，其身后同伙被砸倒一片。这伙人一看这架势，知道遇上了高手，吓得都跑了。这是王映海第一次与人发生争执。虽然他有一身的功夫，十几个人也上不了身，但他不愿意和人打架。

王映海人到中年，家庭负担十分沉重，膝下有四双儿女，全家十几口人靠他一人养活。农忙时期，他用独木轮推车推上几麻袋花生，到城里卖；农闲时节，他就在家里编些簸箕、箩筐拿到集市上去卖，一年四季都没有空闲的时间，但他始终没有放弃对心意拳的追求。

练拳理念

王映海习练心意拳，以文通武备为准绳，继承前辈习武的优良传统。

他说："人会离身，但艺不会离身。人是靠情连接的，武艺是靠热情学成的。穷也能教，富也能教，无义之徒不可教。"

他认为，天下武术不分家，戴家的人习得的武艺不随便传人。他坚守戴家心意"宁可失传，不可滥传"的拳规，坚持"三教三不教"的原则。三教：有功劳者可教，有义气者可教，有道德者可教。三不教：无义之人不可教，五行不全之人不可教，打架斗殴之人不可教。

他信仰"中和"，讲究和明言、和明手，认为"练德者昌，练力者亡""攻心者必胜，攻人者必败"。

"中和"，意思是阴阳的调和，也称为"中庸"。若徒以一招一式而逞强，仅凭血气之勇而练拳者，则不足矣。他还认为，练拳不仅对增强体格、防身有益，而且对培养人的顽强意志和高尚情操也是非常有益的。他时刻教诲弟子们不要在言论上占便宜，要尊重人。

王映海练拳练到三十多岁的时候，觉得胆子也壮了，心里也有底了，越练越有兴趣。他说："我练戴氏心意拳几十年，总感觉此拳越练内涵越深，似乎集结了各种拳术的精华。"说到心与意合，可以是大脑与意识的配合，心有所思，意必至焉。心与意合还可以是以无当有，以有当无，也就是练习时找假设的敌人，用时又把敌人视为空无。这种用意念制敌的练习方法，是一种很好的训练方法。看人如蒿草，打人如走路，是内外结合、精神与形式相吻合的高度表现。感觉自己像参天大树，而敌人只是一棵小草；每把拳的拳意好似猛虎扑羊，又似夜马饿急而奔槽，都是想象力的训练。

他练起拳来，步步如虎，把把如炮；步步不离虎扑，把把不离鹰捉；行动如火焰，心动全身俱动；刚猛似饿虎扑食，轻灵如燕子抄水；静似山岳，动如脱兔，真正达到了"练拳眼前如有人，用拳眼前如无人"的境界。

戴家传下来的五行、四把、十大形、闸势、闭穴橛、铁筷子、峨眉刺、三刀三棍等拳械，他全部刻在脑子里。

四把是戴家拳的主力拳，五行拳是劈、崩、躜、炮、横，可称为母拳，十大形是龙、虎、猴、蛇、马、鹞、熊、燕、鸡、鹰。

心意拳的特点是重内不重外，重神不重形，重本不重末，内修丹田，外蹲猴势，丹田一动浑身动，内劲一发劲无穷。

拳艺传承

王映海对戴氏心意拳传承的认识，大致经历了三个阶段。

第一阶段是从新中国成立前到1951年，他一直固守戴家"宁可失传，不可滥传"的拳规。

1951年至1984年，也就是他60岁以前，仍受师父戴魁的影响，不轻易收徒，不随便传艺。

1984年，国家体委到祁县挖掘、整理祁县的传统武术文化，王映海积极配合，

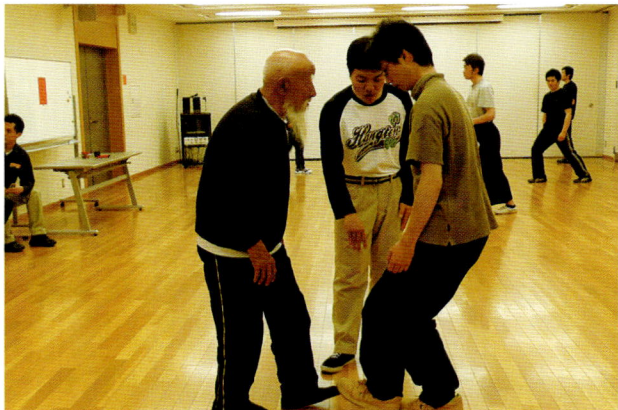

"动的时候稍微一用力，劲力就在那儿被废掉了。展身要像外扩那样。"（王映海）

王映海沿袭戴氏心意拳口传身授的传统，其指导方法精湛详细。

2009 年 5 月王映海在大阪戴氏心意拳讲习会上

演示拳法，讲述拳理。

1993年，王映海在太原与日本人较量，并战胜了对方。此后，王映海拳艺的传承便越来越开放。

随后几年中，王映海曾多次领队参加过全国、省、市组织的武术大赛，与中外武友展开无数次交流，思想更加开放了。

他说："人随时代，草随根。各门派的武艺交流，都是一种很好的学习机会，都有弘扬中华武术的效果。现在祁县人不论年龄大小，只要德行好都可以培养，着重培养年轻人。戴氏心意拳是中华民族优秀的传统武术之一，是祖先留下来的宝贵财富，时至今日还没有全部、完整、科学、系统地将其功理、功法公之于世。我不能让戴家拳这一中华武术瑰宝失传在我手里，应该把戴家拳的真传全部口传身授给爱好者。"

目前，戴氏心意拳已传到第七代、第八代，王映海先生的弟子们已遍布海内外。特别是2000年国家历史文化名城祁县晋商镖局博物馆的成立，为戴氏心意拳发扬光大创造了得天独厚的条件，创建了展示戴氏心意拳的平台。

王映海和其孙子王喜成及他的弟子充分利用开放时代的有利条件，在国内外展示戴氏心意拳，并且在中央电视台、台湾三立影视、山西电视台、湖南卫视等媒体播放，产生了极大的影响，为海内外心意拳爱好者架起了一座沟通的桥梁。在日本，他的弟子建有"心意俱乐部""中国传统武术研究会"；在美国建有"国际心意道"。

近几年，他利用各种机会和方式，系统地整理自己平生积累的戴氏心意拳

2009 年 5 月王映海在鹿儿岛戴氏心意拳讲习会上

王映海热心详尽地将长年练拳积累的戴氏心意拳理念讲给日本的年轻人。

王映海经历过的岁月不全是幸福美满的，但他在讲解时的表情却满是专注和慈祥。

拳谱、拳艺，并毫无保留地传授给他的弟子，为戴氏心意拳的传承做出了巨大的贡献。

王喜成

王喜成，1978年生，山西省祁县东观镇北堡村人氏，王映海之长孙。王喜成自幼看爷爷和父辈们练拳，便模仿他们的身姿和手势，7岁便开始一点一点地习练戴氏心意拳。14岁初中毕业后，王喜成怀着对武术的极大热情和继承家族武术事业的信心，接受爷爷的悉心传授，正式开始了自己的习武生涯。

起初练拳，王喜成按照"冬练三九，夏练三伏"的教诲，寒暑不辍，早晚研习。夏天再热也坚持不断，冬天再冷都不放松，遇上下大雪就在雪地上扫开一条道坚持练习。爷爷说在沙滩里练拳长功快、练出来的步子灵，他就每

王喜成

天到村边乌马河河滩上练拳。王喜成每天坚持刻苦锻炼，年复一年，积累了深厚的功底。爷爷的弟子遍布全国各地，有的还是慕名从国外远道而来，在爷爷给徒弟、学生传授武术时，他总是不厌其烦地做示范动作。他边潜心修炼边做爷爷的助教，

在跟随爷爷练习和传授拳术的环境中，通过十几年的钻研与练习，他对功法要领、拳理讲义的认识与理解都得到了进一步升华。他作为戴氏拳术的代表代师传艺，得到了众多心意拳爱好者的充分肯定。

近年来，他还应国外武术爱好者的邀请，到俄罗斯、日本等国传授戴氏心意拳，这让他更加懂得了这门艺术的价值与珍贵。在长期的苦练与教学中，王喜成逐步掌握和总结出了通俗易懂的教学方法，用形象的比喻和直观的方法阐述拳理，让深奥的讲义变得简单明了。十数年的磨炼和教学，让他更加懂得了戴氏心意拳的珍贵，也让他对戴氏心意拳的态度由学习继承走向了发扬光大。武术源于中国，属于世界，他立志全面继承戴氏心意拳，并让更多的武术爱好者了解戴氏心意拳，让这一优秀拳种更好地发扬光大、造福人类。

王喜成毫不走样地继承正宗的戴氏心意拳，其身法产生的劲力非常强大。

"高密度的凝聚力在任何地方都能散发。不是闭气，而是放松养丹田。养丹田是产生爆发力的基础。"

"凝聚力可以散发，可以进入到任何地方。如果自己把它固定下来，是不会向外扩散的。自己阻断了就是断劲了。彻底研究心意，找到断劲的地方，就是练拳的最重要所在。"

王喜成的讲解，虽然依据的是传统的戴氏心意拳，但是其中加入了许多比喻，给予了人们科学的、符合个人阶段的、容易理解的指导和启发。

王映海的门下聚集了许多来自国内外的热心练拳者。王喜成自幼在跟随王映海学拳的同时，指导国内外的求学者，更加深掌握了戴氏心意拳的深奥拳理。

照片为王映海、王喜成与来自俄罗斯练拳者的合影。

2 武艺的传承
——武德和技艺的修养

　　戴氏心意拳截止到第三代戴良栋无一外传，戴氏之外的人也就不可能学到戴氏心意拳。到了第四代戴魁，时局发生了很大的变化，戴家没落，为了生计开始将拳法外传，但是仍只传授给有天赋的人。近年来，戴氏心意拳作为绝不外泄的秘传武术，依旧保持着神秘色彩。

　　那么，戴氏心意拳的保守性从何而来？现在公开的戴氏心意拳传承的真谛又是什么？

　　戴氏心意拳保守性的根本不单纯是神秘主义，可以说戴氏的传统是让人通过练武来修行，因此只传授给寻求真理的人。我们可以从拳谱的记载上看出戴氏心意拳传承者们持续坚守的重要的传统。

● 戴隆邦授拳规矩

戴隆邦授拳规矩

　　心意拳字之中，不可滥传论，宁教失传，不可滥传，宁教拾上拳，也不给说一遍。

　　学戴家拳是人心感化的，不是花钱买到的。

　　穷也能教，富也能教，无义之人不可教。师徒如父子，日久见人心。

　　和明言和明手，言语要和明，手也要和明。

　　有巧手、妙手，没有绝手。你也知我也知，手快打手迟。

　　和为贵，忍为高，路要长远走，日久见人心。

　　人是万物之灵，人是学而知之，不是生而自知。

　　千年的树，万年的河，先人得来后人留。

　　世上大树有人望，世上明师无人知。

　　世上明师知多少，成师的又有多少？

戴氏心意拳传拳慎重

心意拳字之中，不可滥传论，宁教失传，不可滥传，宁教拾上拳，也不给说一遍。

解说 "心意拳字之中"，是指在心意拳的文字中，即心意拳的字面意思是什么，这贯穿于整个"戴隆邦授拳规矩"，特别是意味着"见人心""人是学而知之"。

$$心意拳授拳规矩 \begin{cases} 见人心 \\ 人是学而知之 \end{cases}$$

学习戴家拳的资格

学戴家拳是人心感化的，不是花钱买到的。

穷也能教，富也能教，无义之人不可教。

师徒如父子，日久见人心。

解说 "师徒"，指的是教授者和学习者的关系。"徒"分为"学生"和"弟子"，此处指的是"弟子"。学生是学拳者，弟子是进了戴家的门（入门—拜师），不仅要进一步学拳，还要进行人品方面的修炼。

教授—学习时的心理准备

和明言和明手，言语要和明，手也要和明。

有巧手、妙手，没有绝手。

你也知我也知，手快打手迟。

解说 这里指戴氏心意拳传授的传统方式——口传心授。

"明言"，是指"言语明确，解说话语严谨，思路清晰的语言"。"明手"，是指"手法简单明了"。"手"是广义的意思，此处指的是心意拳的技术、技法、练法、用法等。"巧手""妙手"，是巧妙的手法、技术。"绝手"，是指绝对能赢的手法、百战百胜。

"有巧手、妙手，没有绝手"，说的是艺无止境。"你也知我也知"，是指"知己知彼"。

和为贵，忍为高，路要长远走，日久见人心。

人是万物之灵，人是学而知之，不是生而自知。

千年的树，万年的河，先人得来后人留。

世上大树有人望，世上明师无人知。

世上明师知多少，成师的又有多少？

解说 "和为贵，忍为高"，"和"指的是与人和睦相处，懂得人心所想，自然就和谐，自己也就能够和气，并不局限于人与人之间的关系。"忍"是指按下性子持续努力。并指出有名望者，但并非明师。

三教三不教；三怕三不怕

何为三教，有功劳者可教，有义气者可教，有道德者可教；

何为三不教，无义之人不可教，五行不全之人不可教，打架斗殴之人不可教。

何为三怕，能服尊长者可怕，年高有德者可怕，耍笑顽童者可怕；

何为三不怕，身大者不怕，力勇者不怕，艺高者不怕。

解说 "三教三不教"是对"戴隆邦授拳规矩"中所说的"可教者、不可教者"的详细说明。

"三怕三不怕"中的"怕"是慎重之意。"三不怕"中列出的是可以对敌的情况。"三怕三不怕"不仅表现在武术方面，也表现出了生活中与人接触的一面，是世代镖师从生活中总结出的常识。

天下人广君子少，山上石多金玉稀，

世上师父众多明师少，自居高艺者也不稀，

我要一见至其语，心服与他不相告，

如逢奸人不打量，滥教真艺才算苦，

不如自娱自立志。

解说 这里讲述的是被冠以明师之称很简单，但要成为真正的明师，则只有埋头练拳不断提高自己。

精养灵根气养神，养功养道见天真。

丹田养就长命宝，万两黄金不与人。

自古六合无双传，多少玄妙在其间。

设若妄传无义汉，招灾惹祸损寿年。

武艺都道无真经，任意变化势无穷。

岂知悟得婴儿玩，打法天下是真形。

解说 六合无双传："六合"是指内三合、外三合，合起来称为六合，内外相合、协调配合之意。内三合为心与意合、意与气合、气与力合，外三合为手与脚合、肘与膝合、肩与胯合。"双传"指两种说法。"六合无双传"意为六合秘诀没有两种说法。

3 学习武艺的心得
——二勤、三知、二戒

● 习艺二勤

一曰腿勤	第一，腿要勤
人之习艺，均有常师。	人们学艺都是有师父的。
即其所能者习之，要知艺之在人。	正因为是有熟知技艺的人，才能跟着学艺。
本自无穷， 有等量吾者，有高超吾者。	学习是无止境的， 有与我相同水平的人，也有比我水平高的人。
果其高超， 弗畏山川之险，道路之遥， 亲见其人诚心求教。 我以诚心求于人，而人未有不诚心教我者。 朝渐夕摩，何患不至高超之境。	如果确实比我水平高， 我会不怕山高水险、路途遥远， 去求见此人，诚心求教。 只要我以诚心求教，不会有不诚心教我之人。 如果早晚修炼，则不必担心达不到至高境界。
所谓一处从师，须要百处学艺。	所谓在一处拜师学艺，需要掌握百处的技艺。
二曰口勤 枪、棍、刀、拳， 自有真形实像， 始而蒙混不明， 继而错杂难精。	第二，口要勤 枪、棍、刀、拳， 自有其真实形态， 若开始时便稀里糊涂， 之后就会错乱混杂从而难以精益求精。

苟能虚己求教，	若能谦虚求教，
而人未有不实心教我者。	则不会有人不实心实意地传授给我。
耳濡目染，何患不至明通之地，	犹如恍然大悟一般，不用担心达不到一个新的境界。
所谓专听，莫若兼听之广。	局限一家之说，不如广采众家之长。

解说 "腿勤"，指的是要多去找老师，多练多学。"口勤"，是指多问，有不懂的要主动向老师求教。

● 习艺三知

一曰知明手	第一，搞懂手法
或比枪，或比刀，或比棍、比拳，	无论是比试枪、刀、棍、拳，
真正猛勇短毒，	只要是真的勇猛短毒，
一见间不觉便令退避三舍。	让人一看不自觉就会退避三舍。
二曰知明眼	第二，读懂对方的眼神
大凡见人比枪、刀、拳、棍或于十目不合，	但凡看到比试枪、刀、棍、拳，见识不同，
或于十三格言有过，	或发现不符合十三格言的，
即急为指点，	立即进行指点，
曰比枪刀拳棍，出自何人，当时为比样，	指出枪、刀、棍、拳的比试方法并非是这样，
今差之毫厘，后必谬之千里，	若现在有丝毫差别，则日后会谬之千里，
一经改正，不觉令人憬然服从。	一经改正，就会让人信服。
三曰知明言	第三，懂得拳械理法
何谓知明言，其于历代枪、刀、拳、棍法。	什么是知明言，就是懂得历代的枪、刀、拳、棍法。
一听其讲究，真正是有始有终，有本末，	听一遍明言，则能理解其所有本质，思路就会变得清晰。

有证有据，不觉令人豁然晓畅，如在梦中醒来。	听者很容易理解，能给人一种从梦中醒来的感觉。

解说 "明手"，是指名手、高水平功法。"明眼"，是指洞察力、能看到细微东西的眼力、能识破一切的眼力。"明言"，是指符合道理的拳理、拳论。

● 习艺二戒

一曰戒有恃 枪、刀、棍，自有不易之准，过于与不及， 皆非得当，人是我非，须当舍己从人。 若执迷自恃，终于无成。	第一，戒掉顽固 枪、刀、棍本身不易有准，过之或不及皆为不妥， 别人若对，我则不对，即舍弃自己顺从别人，若一味坚持己见，则最后会一事无成。
二曰戒自满 枪、刀、棍、拳，本无尽境。 习一艺更有一艺相迫， 得一着更有一着相乘。 侈然自满则半途未尽之弊，必不免矣。	第二，戒掉自满、傲慢 枪、刀、棍、拳的技艺没有止境。 学到一招，还有别招， 得到一招，还有更高招数。 若自我满足，将会落得半途而废。
习艺者果能勉二勤，历三知，凛二戒，其不至人步亦步，人趋亦趋，然而不成者，未之有也。	若学艺者能勉励自己二勤，懂三知，谨遵二戒，则不会跟着别人亦步亦趋，这样做了却不成功的，还未曾有。

解说 "戒有恃"（戒掉顽固之意），是指学习枪、刀等，需追求其阴阳结合、中庸，绝不是一味强调自己的拙力、蛮力，若要做到并非易事。
"戒自满"（戒掉自己的自我满足、傲慢），是指技艺的境界一层堪比一层高。表示达到某一层次并非到达终点，任何时候都需要谦虚不断地学习。

● 武艺的磨炼

演艺者，思吾之道，依吾之言，永无大害，见其理而自尊。

解说 习武是了解自己的一个过程。依照我说的做，永远不会有大的伤害，如果能掌握武术的道理，就能提高自己。

交勇者，莫要思悟；思悟者，寸步难行。

解说 与勇者交手时，不要犹豫，若犹豫则寸步难进。习武者和对方交手，即构成了阴阳关系。练习是指打好基础，实际运用是指使用这个打好的基础。

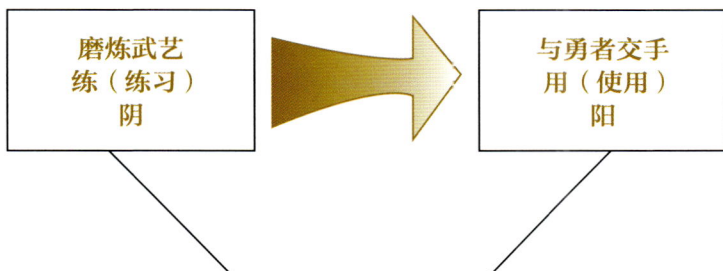

磨炼武艺 练（练习） 阴	→	与勇者交手 用（使用） 阳

血发脚心，发起到天门。	血是从脚心发出，发出后直达天门。
再无别疑真豪雄。	如果那样，不用怀疑是真的豪杰。
牙骨梢，仔细评，评出理来是一通。	牙齿是骨的末端，要细细地表现，方可悟出道理。
筋骨一气要以和，	筋骨相连，成为一体，
天地阴阳通，	天地阴阳皆相通，
一气之通，万物皆通	一气相通，则万物皆通。
气之复，万物皆复，	气之运行顺畅，万物运行也随之顺畅。
哪见痕迹，哪有阻隔，	何处可见痕迹，何处有障碍阻隔？
以和为始，以和为终。	始于一体（和），终于一体。

明天地，	明白天地之理，
知吾之心意，	即懂我之心意。
不知吾之心意，还往四梢行。	若依旧不懂我心，则可行四梢，
目中不时常旋转，行坐不时要用心，	要经常转动眼睛，走动、坐立需用心，
耳中不时常报应，语中不时常调和。	耳朵要经常有回应，说话要经常和谐。

● 内外相见合一家

震龙兑虎各东西，朱雀玄武南北分， 戊己二土中宫位，意为媒引相配成。	震龙兑虎分别在东西方向，朱雀玄武分别在南北方向，戊己二土位于中宫，意为五行搭配使然。
眼耳口鼻外五行，手足四梢并顶心。	眼、耳、口、鼻、外五行，手足四梢和顶心。
久练内外一气成，迅雷电雨起暴风。	反复长期练习内外气混元一体，就会有迅雷闪电般的威力。
拳无拳来意无意，无意之中是真意。	练拳犹如无拳一样，是有意中产生无意，只有在无意中才能有真的意。
丹田久练灵根本，近在眼前一寸中。 养灵根而静心者，是修道也； 养灵根而动心者，是武艺也； 固灵根而动心者，是敌将也； 动则为武艺，静则为道也。	若长期修炼丹田，则灵根之本近在眼前。 养灵根而心静者，则为修道； 养灵根而心动者，则为武艺； 固灵根而心动者，则为敌将， 动则为武艺，静则为修道。

解说 戴氏心意拳在练拳时完全是用心意练功，如此，不久便可达到"无意"境地。

基础理论

1 阴阳五行理论与戴氏心意拳

戴氏心意拳是以中国古代流传的五行学说作为基础理论，根据阴阳平衡、五行关系创建的一种武术。本章讲述的是戴氏心意拳中应用到的阴阳五行学说及其在戴氏心意拳中所产生的作用。

● 阴阳学说

阴阳的概念

阴阳属于中国古代哲学范畴。阴阳的最初含义非常朴素，即向日为阳，背日为阴。后来引申为气候的寒暖，方位的上下、左右、内外，运动状态的躁动和宁静等。

中国古代的哲学家进而体会到，自然界所有的现象都存在互相对立、互相影响的关系，用阴阳的概念可以解释自然界存在的相互对立和相互消长的物质。他们首先证明了阴阳的对立和消长是物质本身所固有的，进而又证明了阴阳的对立和消长是宇宙的基本规律。

阴阳学说认为，世界是物质性的整体，自然界中任何事物都具有阴和阳相互对立的两个方面，而对立的两个方面又是相互统一的。阴阳对立统一是自然界一切事物发生、发展、变化以及消亡的根本原因。

"阴阳者，天地之道也。万物之纲纪，变化之父母，生杀之本始。"阴和阳，既可以表示相互对立的事物，又可用来分析一个事物内部所存在的相互对立的两个方面。

一般来说，凡是剧烈运动的、外向的、上升的、温热的、明亮的都属于阳，而相对静止的、内守的、下降的、寒冷的、晦暗的都属于阴。

以天地而言，天气轻清为阳，地气重浊为阴；以水火而言，水性寒而润下属阴，火性热而炎上属阳。

任何事物均可依据阴阳的属性来进行划分，但必须是针对相互关联的一对事物，或是一个事物的两个方面，这种划分才具有实际意义。如果被分析的两个事物互不关联，或不是统一体的两个对立方面，则不能用阴阳来区分其相对属性及其相互间的关系。

阴阳及其转化

世界是物质的，物质世界是由阴阳二气互相作用而诞生、发展以及发生变化的。

事物的阴阳属性并不是绝对的，而是相对的。这种相对性，一方面表现为在一定的条件下，阴和阳之间可以发生相互转化，即阴可以转化为阳，阳也可以转化为阴；另一方面体现在事物的无限可分性。

所以，阴阳的对立统一运动规律是自然界一切事物运动变化固有的规律，而且世界本身就是阴阳二气对立统一运动的结果。

阴阳的交感互藏

阴阳交感互藏中的"交感"是指相互感应而交合，即相互发生作用。此处指的是阴阳二气在运行过程中有互相感应交合，互相产生作用的关系。

宋·周敦颐在《太极图说》中说："（阴阳）二气交感，化生万物。"

这一哲学思想始自先秦诸家，如《荀子·礼论》："天地合而万物生，阴阳接而变化起。""天地感而为万物化生。"从而指出阴阳交感是万物化生的变化和根本条件，其中的"合""接""感"等都具有相互作用、相互影响之意。

因此，可以说天地、阴阳之间的相互作用乃是万物生成和变化的肇始。在宇宙自然界，事物的形成规律亦是如此。天之阳气下降，地之阴气上升，阴阳二气交感，化生出万物，并形成雾、雷电、雨露、阳光、空气、河水，相互交感，生命体方得以产生。在阳光雨露的沐浴滋润下，生物得以发育成长。男女媾精，新的生命得以诞生，代代相传，人类得以繁衍。所以，如果没有阴阳二气的交感运动，就没有自然界，也就没有生命。因此，阴阳交感是生命活动产生的基本条件。

阴阳交感互藏图

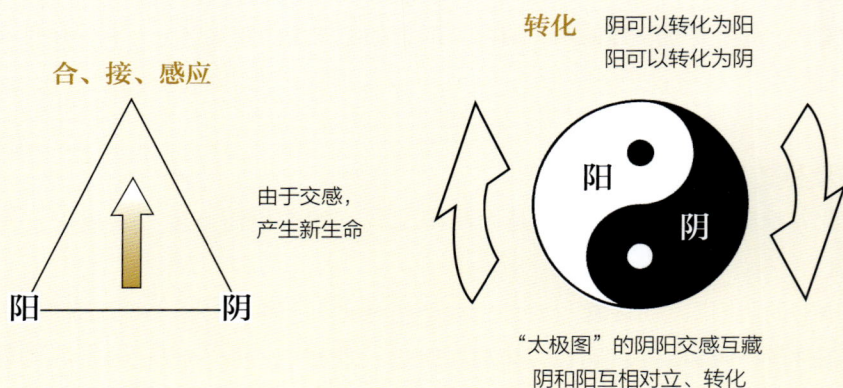

合、接、感应

阳 ——— 阴

由于交感，
产生新生命

转化　阴可以转化为阳
　　　阳可以转化为阴

阳
阴

"太极图"的阴阳交感互藏
阴和阳互相对立、转化

● **阴阳交感互藏的条件和要素**

　　阴阳学说的基本内容包括阴阳一体、阴阳对立、阴阳互根、阴阳消长与阴阳转化四个方面。

　　< 阴阳一体、阴阳对立 >

　　阴阳对立，即世间一切事物或现象都存在着相互对立的两个方面，如上与下、天与地、动与静、升与降等，其中，上属阳，下属阴；天为阳，地为阴；动为阳，静为阴；升属阳，降属阴。

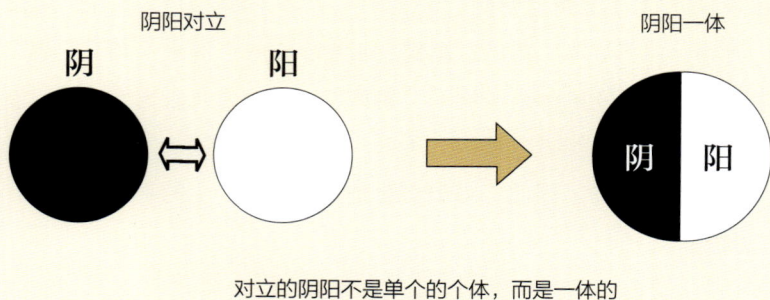

阴阳对立

阴　　　阳

阴阳一体

阴　阳

对立的阴阳不是单个的个体，而是一体的

具体的阴阳举例

阳	上	天	升	男	上升	膨胀	扩散	表	热	白昼	夏天	……
阴	下	地	降	女	下降	收缩	融合	里	冷	黑夜	冬天	……

戴氏心意拳中具体的阴阳举例

阳	动	刚	束	起	外	攻击	前	气	发	挺	吸	……
阴	静	柔	展	落	内	防御	后	精	养	含	呼	……

阴阳的概念

阴

阳

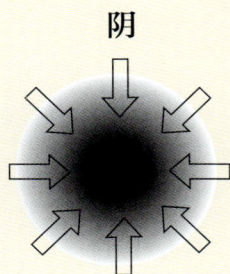

寒冷、暗淡、凝聚、实体化

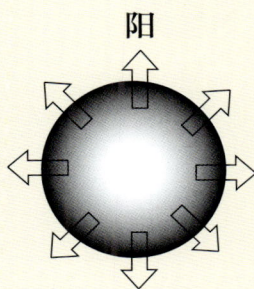

热、明亮、发散、气化

< 阴阳互根 >

对立的阴阳双方又是互相依存的，任何一方都不能脱离另一方而单独存在。没有上也就无所谓下，没有冷同样就无所谓热。

所以，阳依存于阴，阴依存于阳，每一方都以其相对的另一方的存在为自己存在的条件。这就是阴阳互根。

< 阴阳消长 >

阴阳之间的对立制约、互根互用并不是一成不变的，而是始终处于一种消长变化过程中。

比如，白天阳盛，人体的生理功能也以兴奋为主；而夜间阴盛，机体的生理功能相应的以抑制为主。从子夜到午时，阳气渐盛，人体的生理功能逐渐由抑制转向兴奋，即阴消阳长；而从午时到子夜，阳气渐衰，人体的生理功能由兴奋渐变为抑制，即阳消阴长。

阴阳在这种消长变化中保持动态平衡，消长变化是绝对的，动态平衡则是相对的。

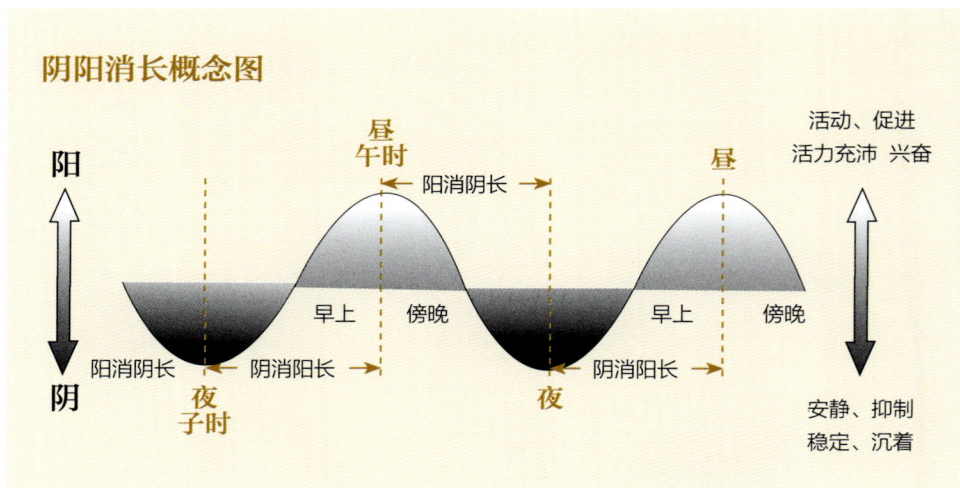

阴阳消长概念图

阴中有阳，阳中有阴。阴阳的位置在不断变化，有去有回。我们所能看到的事物中，阴在内，阳在外，相反（阴在外，阳在内）的就不是物质。所有的事物都必须符合阴阳规律和结构。例如，人的诞生（聚合）、死亡（消散），这些也都是符合阴阳规律的。

＜阴阳交感互藏＞

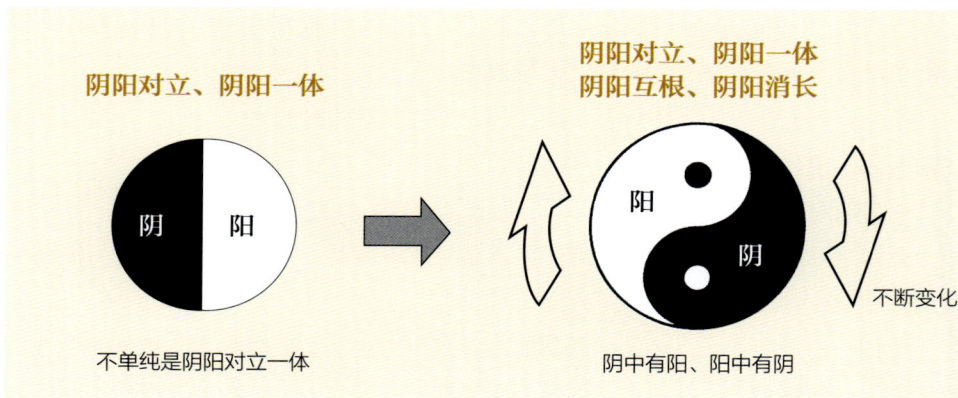

● 阴阳学说与中医学

　　阴阳学说，即使在中医学中也被用于解释生命起源、生理现象、病症变化等，是中医理论中一个重要的组成部分，在很大程度上影响着中医学理论体系的形成和发展。

　　表里、寒热、虚实都是疾病所表现的一组组既对立又统一的正反现象。对这些正反现象，中医用阴阳来加以概括。表证、热证、实证可归属于阳证范畴；里证、寒证、虚证可归属于阴证范畴。中医用八纲辨证方法分析病症的类型，进行施治。下面做简要说明。

＜八纲辨证＞

阴	阳
表	里
热证	寒证
实证	虚证

八纲辨证是综合判断体质、病情的方法。

① **表证和里证（辨证的第一个阶段）**

　　表证：病在身体表面。

　　　　【症状】大部分为感冒初期的症状（畏寒、发热、流鼻涕）。

　　里证：病在器官、血脉、骨髓等身体内部。

　　　　【症状】表证之外的症状。

② **实证和虚证（辨证的第二个阶段）**

　　实证：具有充分抵抗力的状态。有病时，病邪来势很猛，症状虽为一过性但很强烈。

　　　　【症状】腹痛、呼吸气粗。

　　虚证：症状为抵抗力弱，即使病邪不严重，也容易惹病上身，症状不是很强烈。

　　　　【症状】容易出虚汗、疲倦、面红等。

③ **热证和寒证（辨证的第三个阶段）**

　　热证：即阳强阴弱的状态，会让人感到很热，喜欢空调以及凉的食物。

　　寒证：即阴强阳弱的状态，手脚冰冷，或经常感到寒冷。

	实		虚	
寒热	实热	实寒	虚热	虚寒
症状	面红口渴	寒冷、腹痛、痢疾	手脚发红、盗汗	手脚冰凉，倦怠

④ 阳证和阴证

阳证：表证、实证、热证为阳证。

阴证：里证、虚证、寒证为阴证。

＜主要症状＞

	阳证	阴证
颜色	面红身热	面色暗淡
心情	神情烦躁	精神萎靡
身体	气粗、易口渴、喜饮冷	身倦肢冷、不口渴
小便	发黄	尿清
大便	硬干	软便
舌苔	黄色	白色
脉搏	快而有力	沉细无力

阴虚和阳虚

阴虚：阴为虚（变弱）的状态。由于阴液不足，"阴虚生内热"。

阳虚：阳为虚（变弱）的状态。由于阳气不足，"阳虚则生寒"。

＜主要症状＞

	阳虚	阴虚
热、冷	畏寒肢冷	低热颧红、手足心热
代谢	疲倦乏力，自汗	盗汗、口燥咽干
小便	小便清长	身倦肢冷、不口渴
大便	大便溏薄	大便秘结、量少
舌苔	苔白，舌质淡	舌红无苔
脉搏	脉细无力	脉细而浮有力，重取则无脉

● 戴氏心意拳中的阴阳交感互藏

戴氏心意拳中所述内容都是由阴阳理论构建的。学拳时，须学会运用以下典型的概念以及拳谱上记载的具有代表性的理念。

摘自"十六柱"

阴阳 "有阴的地方便有阳，有阳的地方也有阴。无阴则不能诞生，无阳则不能成长，天地阴阳聚合就会下雨。拳术就是阴阳合一，皆是阴阳为之。"即阴阳交感。

"阴极阳生、阳极阴生。"即阴阳消长。

动静 "在拳法中，静是主体，动是作用。静时不露心机，动时不露行迹，动作敏捷让人看不到行踪。动时心中坦然处之，守住丹田。静时神明莫测，一触即发。欲动而始于静，静中育动，动静互根，通过动静结合自然成拳。"

解说 例如，在起势时，开始动作之前是静的，但是，在静中开始运行意识、气、血等。（"静中有动"）

束展 "起向高处起，落向低处落。"

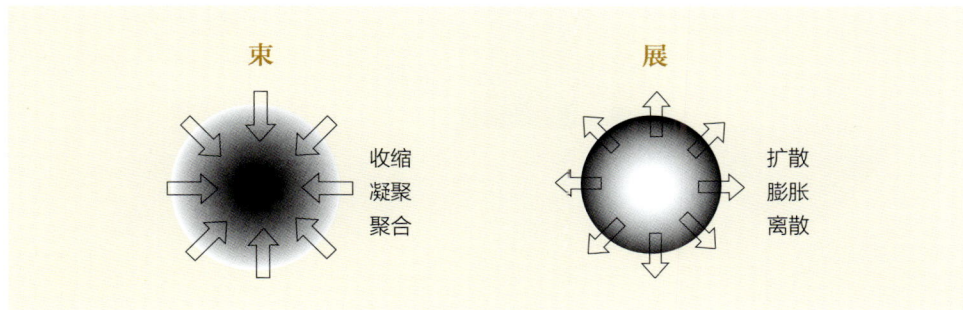

起落 "起是去，落是打，起亦打，落亦是打，起落二字如水中之翻浪。"

身起手落、束身而进。

进退 进步宜低，退步欲高，进退须相机而行。不会进退，就更要磨炼其技艺。

退中有进，进中有退。

刚柔 刚、柔的对立统一是拳法的灵魂，单纯为刚则容易折断，纯柔则过于软弱。只有刚柔并济之力道，才是发化衍变之正道。

攻守　　顾中有打，打中有顾。

斜正　　"看正似斜，看斜似正。"

内外　　"内五行先动，外五行须随。"

● 戴氏心意拳中的阴阳关系

戴氏心意拳中的束展、起落、斜正、吞吐、进退等阴阳对立是一体互根且消长、转化的。

例如，起落不仅是手运行的上下方向、手上的力量，还需要通过与身法的束展以及步法（搬丹田）结合起来，形成如波浪一样的运动和力量。攻守也是如此，在攻击中有防守，在防守中有攻击。

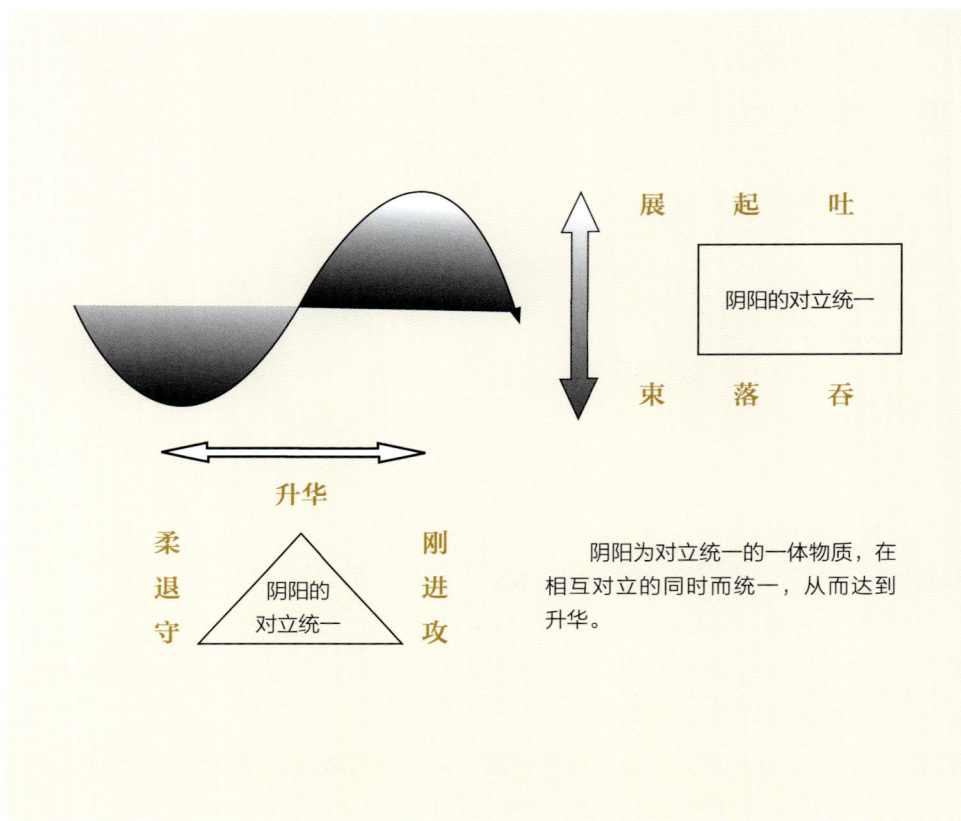

展　起　吐

阴阳的对立统一

束　落　吞

升华

柔退守　　阴阳的对立统一　　刚进攻

阴阳为对立统一的一体物质，在相互对立的同时而统一，从而达到升华。

王映海"双把"的阴阳交感互藏的例子

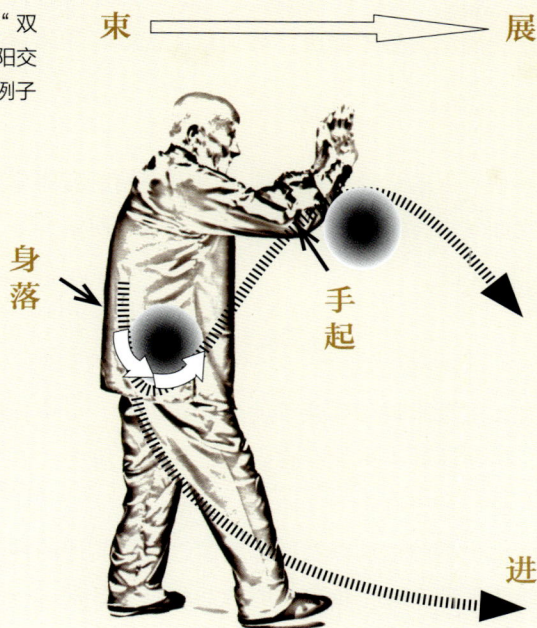

束 → 展

身落

手起

进

起

落

"身落手起、束中进"

身法练习"束展",步法练习"进退"。如左图中的双把,其身法为束,同时身体劲力下落,然后手起、上步。

"翻滚"

身体下落,同时丹田翻滚。其翻滚之劲力,向下则为前进之力,向上起手转化为力,移动同时展开,丹田向相反的方向翻滚。

通过束展、起落、翻滚、斜正、刚柔等的阴阳相互关联配合,交感相合就成为如波浪般的强大劲力。

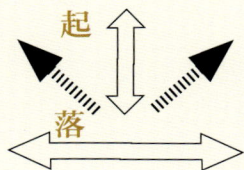

就像力学中的向量,垂直与水平的合力方向是斜的。

● 天地人三才合一

	天有三宝:日、月、星
三才	地有三宝:水、火、风
	人有三宝:精、气、神

精

精,犹如精力,是体力、活力、能量的源泉。

精有"先天之精"和"后天之精"之分。"先天之精"得之于父母而储藏于肾脏。"后天之精"则是自我产生的，由饮食后脾胃作用被消化吸收的有营养价值的物质组成，也在运动和修养的阴阳交感中养成，特别是在就寝时和休息时生成。

气

气是构成宇宙的基本因素，气的运动变化生成了宇宙中的所有物象。气是人体中维持生命活动的物质，犹如气力，是动力、原动力。气可以使精升华，在身体中游走。

神

神是精神、意识的状态，主管眼睛、耳朵等的感受和思考，负责指挥身体运动等生命活动。如果没有神，生命体就不可能存在。神存在于五脏中，心中有神、肺中有魄、肝中有魂、脾中有意、肾中有志。

心中之神负责精神活动、手脚的运动以及面部表情，统管其他的神。

魂负责无意识的、本能的活动。魄，负责本能的活动以及日常进行的活动，以及无意识的动作、持续注意力等。

志，负责具体的目的、目标想法等。

意，负责记忆想法的组合。

五脏和神互相影响，例如，若肾弱，有目的性行动的意志就会减弱；若肺受损，就会导致无意识的动作以及注意力降低。

〈"精、气、神"的关系〉

肾中所存之精由气运往全身，进行各种生命活动（神）。

● 养气法

手中诀窍

一、阴到中。二、阳开。三、阴到中。四、翻阳回乳。五、阳出。六、阴到中。七、阳开。八、到顶。九、落耳。十、阴出。十一、翻阳。十二、翻阴骑马。十三、阴到中。十四、回乳。十五、峰起下地三墩。十六、跳起回乳三墩先定心。

解说 说明的是体内阴阳的消长和气的运行。

人有三宝 精·气·神

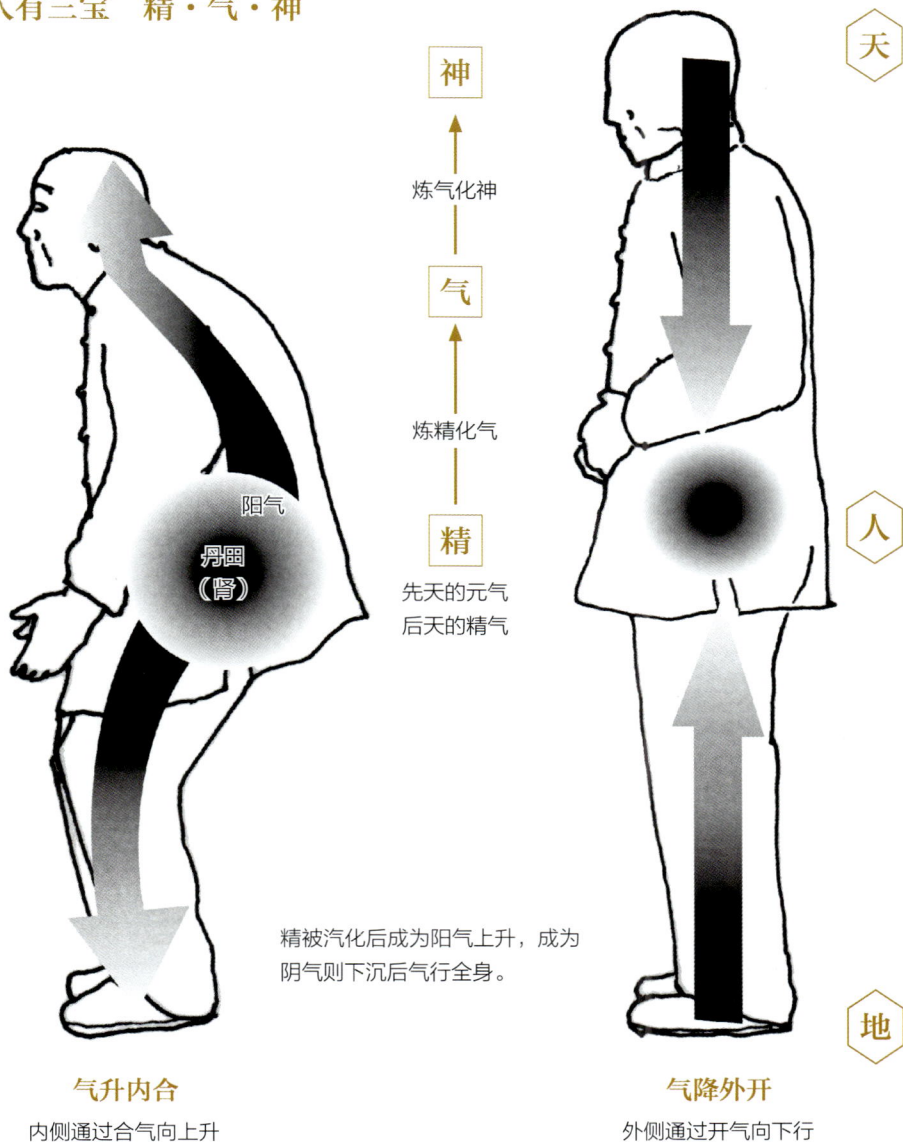

神

炼气化神

气

炼精化气

精

先天的元气
后天的精气

阳气

丹田
（肾）

精被汽化后成为阳气上升，成为
阴气则下沉后气行全身。

天

人

地

气升内合
内侧通过合气向上升

气降外开
外侧通过开气向下行

王映海口传
　　练拳时，对人来说，只有天地。人必须和天地融为一体。放松身体，集中精神，若能修炼到感觉敏锐，便能与天地融为一体。

大拇指属于火为心；食指属于木为肝；

中指属于土为脾；无名指属于金为肺；

小拇指属于水为肾。心沉、肝食、脾入、

肺凛、肾敌。

足少陰腎經之圖

摘自滑寿撰《十四经发挥》（1341年）

用气法口诀

眼上翻属阴，

阴气落于枕骨。

鼻一曲属阳，

阳气落于上额角。

脾气紧，心气沉。

肝气顶，肺气一努落肾经。

心沉一气自然成。

引气法——导引气的方法

目视鼻，鼻对脐，处处行迟不可移。撤开二六连环锁，一点灵光吊在眉。

心定，则清净。清净无物，无物气行，气行绝象，绝象觉明，觉明则神气相通，万气归根，身上一气聚成。

○ 拳经

静，养灵根也。气，养神也。

动，养道也，其可达天真。

丹田乃养长命之宝，万两黄金不与人。

眼观鼻，鼻对脐。引气法无论是站法还是坐法、卧法，都是能将气引出的方法和原理。

周天法——运气方法

紧撮谷道内中提，尾闾一起皱节骨。

玉枕难过目视顶，来到丹田存消息。

往前又是鹊桥路，十二时中降下池。

锁住心猿栓意马，要立丹田海底基。

一世快乐无穷尽，返本还原心自知。

久练自成金刚体，百病皆除如童子。

得真法——获得真理之法

混元一气吾道成，道成莫外得真形。

真形内藏真精神，神藏气内丹道成。

如何真形需求真，要知真形合真相。

真象合来有真诀，真诀合道得彻灵。

养灵根而动心者，武艺也，

固灵根而静心者，修道也。

武艺虽精窍不真，费尽心机枉劳神。

祖师留下真妙术，知者不可枉传人。

正不必一拳打倒门外汉，亦不必一脚踢翻陵阳判。

英雄好武本桢干，况是将门三军冠。

羡君亲身来自算，英姿飒爽动里开。

每向射圃张弓按，壁上观者咸称赞。

● 养生效果

丹田功和静功

· 通过练习丹田功的无极式、太极式，达到练拳时气沉丹田放松并忘记日常杂念，从而思想集中，使身心安宁。

· 修身养性，起居有常，养精（生命能量、精力、活力等）蓄锐。

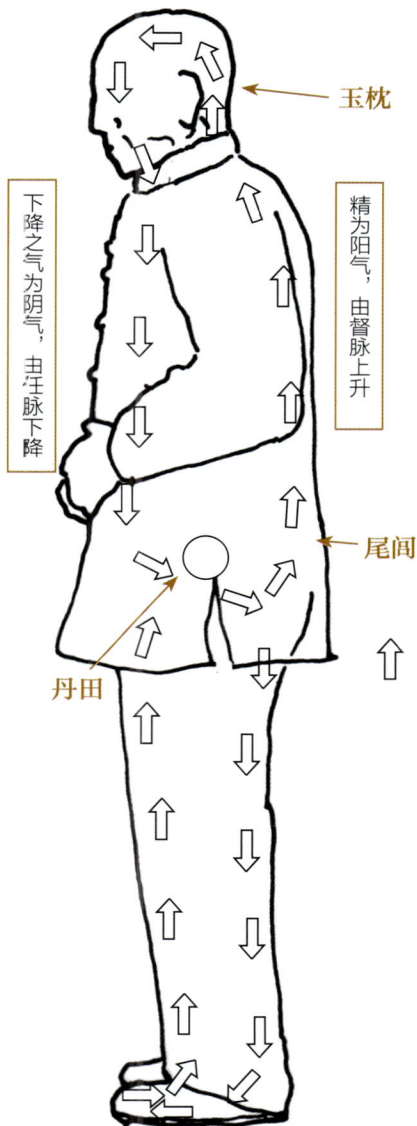

玉枕

下降之气，为阴气，由任脉下降

精为阳气，由督脉上开

尾闾

丹田

·引气法、周天法能够使气血津液良好地循环，通过改善气虚、气滞、气逆、血虚、瘀血、血热、积水等，从而改善身心疾病。

·适当地出汗、发声，可以消除日常压力，有效地改善抑郁。

动功

·内功

"以意导气，以气导血"的戴氏心意拳的内功可以涵养气血，并能通过对身体内部进行微小调整，提高各种能力。

·呼吸

呼吸吐纳可使气血运行更加通畅，将体内的浊气置换为清气。

·步法

使气血运行更加活跃、精神振奋，身体的活动也更加灵敏，锻炼筋骨。

·虎豹头、猴背、熊腰

有助于改善并提高肺的宣发（气的上升）、肃降（气的下降）功能以及脾的运化功能。

·鸡腿、鹰膀

使达到末梢的气、血、津液的运行更加通畅，具有预防各种疾病的效果。

2 戴氏心意拳基础理论

● 戴氏心意拳的特征

戴氏心意拳是内家拳

> 戴氏心意拳重神不重形，重内不重外，
>
> 以意领气，以气催劲，丹田一动浑身动，内劲一发劲无穷。

解说 "重神不重形"中的"神"是"精、气、神"中的神，是从内部表现出来的。神与形、内与外虽是互为相反的概念，但却融为一体，具有互为"根"的交感关系。表现在外的形以在深处的"神"为根本和法则。表现在外的现象和形式是千变万化的。

初学时，很难看透"神"，通过不断地、正确地练习姿势、动作等外形，渐渐地就能看到自己和他人的"神"。

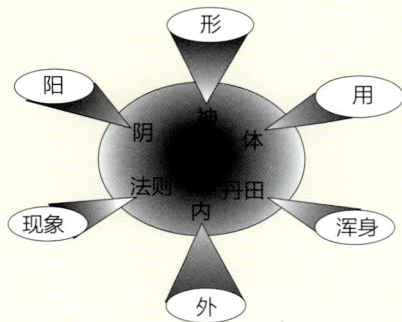

身体中的精气表现在外则为"神"，犹如从法则中产生的各种现象。

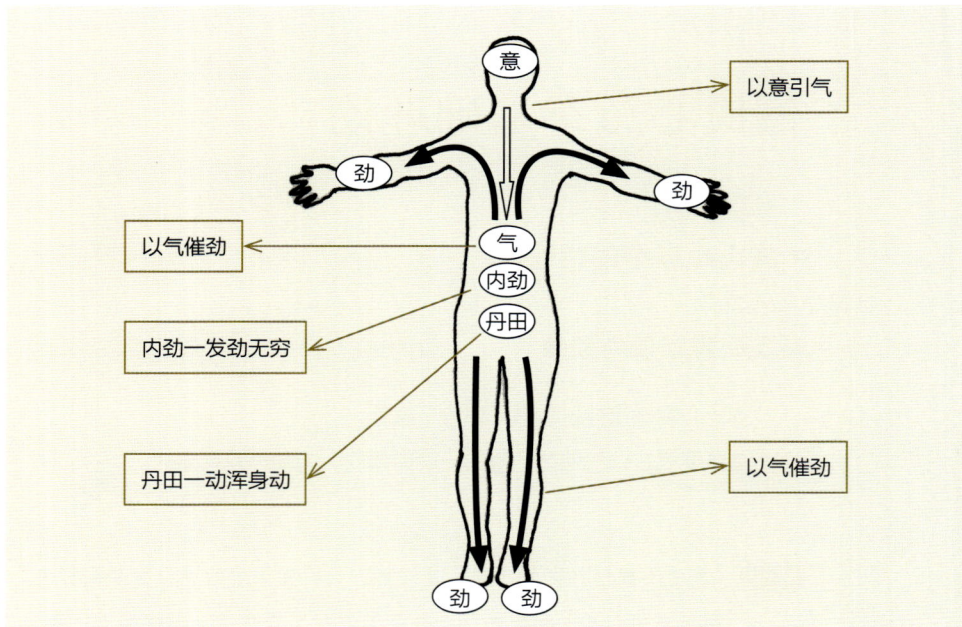

意

以意引气

劲   劲

以气催劲   气
内劲
丹田

内劲一发劲无穷

丹田一动浑身动   以气催劲

劲   劲

戴氏心意拳尚丹田力

丹田上滚下滚，左滚右滚，前滚后滚，滚为劲。

动之如螺旋，无坚不摧。

起落似弹簧，蓄劲呈威。

看其攻，攻中有防；观其防，防中有攻。

身落手起束中进，身起手落展中击。

束身进步手起，随展而身起手落。

束身之法属阳，展身之法属阴，阴起阳盖。

滚丹田

丹田通过向各个方向翻滚而蓄劲（滚劲）。

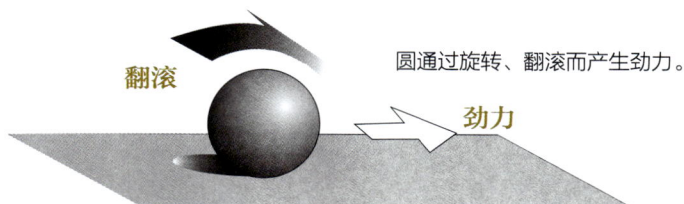

翻滚

圆通过旋转、翻滚而产生劲力。

劲力

○ 蓄劲呈威——凝聚的劲力

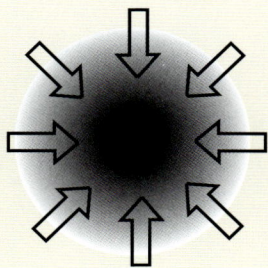

凝聚的劲力犹如火山爆发前聚集的巨大能量，虽然从外面看不到什么动静，一旦爆发就呈现出火喷的景象。

拙力的例子

为了出拳有力，而使用后坐力。往后一坐，就会被对方识破。

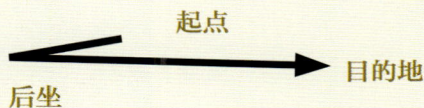

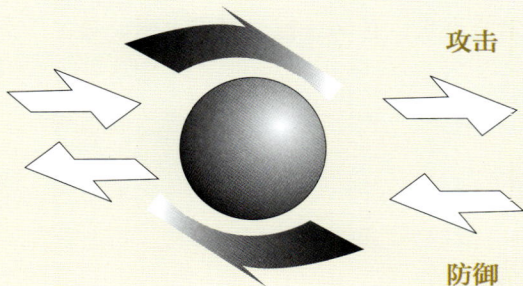

起点
后坐　目的地

蓄劲如上图所示，是为了达到目的而在身体内部积蓄力量，不是特意向反方向回力而引发后坐力。若引发后坐力，就会给对手以还击之机。例如，用手打时，特意将手甩到后边再打；向前进时，先将重心向后移动。

翻滚丹田，不是为了分别进行攻击和防御，而是用一个劲力使攻击和防御一气呵成。

看其攻，攻中有防，
看其防，防中有攻。

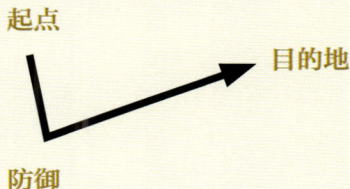

攻击

防御

将攻击和防御分为两个节奏进行，劲力会中途停顿，动作就会变慢。

起点
目的地
防御

王映海口传
戴氏心意拳是在身体的各个部分画圆，要把自己的身体变成球。

戴氏心意拳目录

身法： 蹲丹田（蹲猴势、丹田功）

步法：（搬丹田）寒鸡步、虎步、寸步、疾步、践步、窜步、龙形步、一字步、直步、地盘步、车轮步、反侧步、圆形步、蛇形步、闪战步等。

手法： 双　把　丢把、搂把、抽把、乳把。
四　把　一把，投手加横拳；二把，挑领；三把，鹰捉；四把，斩首炮。
五　行　劈拳、躜拳、崩拳、炮拳、横拳。
三　拳　躜拳、裹拳、践拳。
十大形　龙、虎、猴、马、蛇、熊、鹞、燕、鸡、鹰。
七　炮　追风炮、连珠炮、通天炮、掘地炮、斩首炮、捉边炮、摸边炮。
七　膀　卧虎膀、押眉膀、波落膀、裹风膀、犁行膀、鹞入林膀、人字膀。
七小形　鼍形、鲐形、蜻蜓点水、喜鹊登梅、狸猫上树、乌牛摆头、背林走角。
螳螂闸势　一趟闸势、二趟闸势、三趟闸势、四趟闸势、五趟闸势。

连环手、拨浪鼓手、斗手、螳螂架底钟。
电击电撼、地瑞、双夹扣、敌球手、束鸡手、玉女穿梭、长虫吸食。
吞吐手、中节炮、鸵鸟二行、云摩膀、蜘蛛形、撕棉手。

兵器： 铁筷子、枪、三棍、三刀、闭穴橛、峨眉刺等。

● 练功介绍

教学步骤

①身法　　②步法　　③手法（技法）

戴氏心意拳首先从丹田功开始学习身法，其次学习虎步、寒鸡步等核心步法，最后学习各种招式的手法（技法）套路。

中国武术大多是按照站桩功、基本功、套路、用法的程序进行教学，但是戴氏心意拳首先学习的却是被称为戴氏心意拳核心的身法。戴氏心意拳即使在教学方面也有其独特的方法。

从基本原理开始学习戴氏心意拳

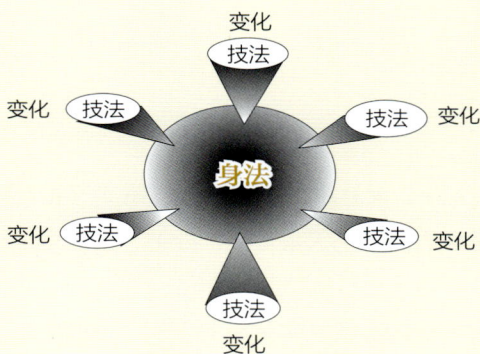

通过丹田功练就的身法，在任何技法中都可以作为核心身法使用。

各种技法都是由丹田功衍生、变化而来的。

※ 在戴氏心意拳中，"手法"通常指的是技法套路，不是一般所说的"手的使用方法"。

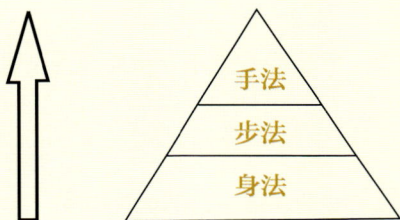

通过丹田功练就的身体可以像婴儿的身体一样无限地成长发展，能灵活地变化成各种形状。

练功时的注意事项

○ 练拳的目的

练拳的目的是健身和防身。内练精、气、神，外练筋、骨、皮。

取自然界的混元气，追求阴阳相济以及五行的生克变化。

○ 注意事项

（1）身心状态

练拳时应身体放松，内心平静、无杂念，集中精力。

（2）练习的场地

最好选择能够吸入自然空气、使身心放松的场地。

例如：

没有闲人擅自闯入、不分散精力，注意力能够集中的场地。

室外的自然开阔地带。

有一定湿度的土地，平坦的地方。

周围有树，安静的地方。

附近有海边或河滩，等等。

（3）练习时间

① 晨练：早晨，阴气下降、阳气上升，天地阴阳气体融合，混元气相交融为一体，空气清新。首先深呼吸，慢慢地进行自身与天地之间的吐纳，使气血运行更为通畅，将身体中的浊气置换为清气。

让心身充分活动开来，不仅要拥有良好的心情充实每天的生活，也要通过持续不断地练拳，强壮身体、锻炼筋骨。

② 晚练：日落时，阳气下降、阴气上升，天地阴阳气体融合，混元气相交融为一体。取天地阴阳交融的混元之气来练功，既可以改善身体的阴阳平衡，使身心放松，又可以改善睡眠质量。如能很好地练气、养神，就能有充沛的精力。

锻炼精气神，养筋骨皮，可达到内外融合，促进心身健康，从而成为金刚之体而百病不入。

（4）夏练三伏、冬练三九

① 三伏天：三伏天是一年中最热的时期，也是万物生长的成熟时期。人体的阴气潜藏在内部，外部表现的是热，内则为寒气。运动可以养阳滋阴，从而保持阴阳平衡，使内外的阴阳融为一体。

② 三九天：三九天是一年中最寒冷的时期，也是万物冬眠、潜藏的时期。人体的阳气潜藏在内部，阴气在外。阴是虚的，内部的火向外泻出，所以身体会感到寒冷。通过调养阳气肾水，使内火旺盛，调整泄露出的热，保持阴阳平衡，使内外的阴阳融为一体。

三伏天和三九天是练功和健身最有效的时期，练拳越有效果，抵御疾病的能力越大。如果再调整生活习惯，适度地饮食、劳动，练拳效果会更好。通过炼精化气，炼气化神来强身健体，精神状态也随之好转，即使上了年纪，也会百病不侵。

（5）练功服

练功服，即适合季节、气温、身体情况及行动方便的服装。

缠上腰带，对养成丹田爆发力十分有益。注意缠腰带不宜过紧，也不宜过松。

鞋底不要太厚，以感觉到脚掌能抓地的程度为宜。

（6）练习间隔

俗话说："一日练拳一日功，一日不练十日松。"所以，在夏天最热、冬天最冷的早、晚都要不间断地练习。

（7）练习强度

练习时若感到心身疲劳，或不能集中注意力，或开始出汗，应当即休息。可以练习和休息穿插进行。若不练，身体会变弱，但若一直鲁莽地练下去，则自身阴阳平衡的感觉会越发迟钝。

练拳三注意

（1）练拳前

勿饿勿饱。饭前饿得发困不练拳，练则无力且伤神；饭后过饱不练拳，练则伤脾胃；身体劳累过度不练快劲，练则伤肾。

（2）练拳中

不可思前想后、发怒。思前想后，则注意力不集中；发怒则气乱。不可说笑、垂涎、故意卖弄。说笑则不集中精力，流涎则喉咙干渴，咳痰，故意卖弄则无谓地耗费元气。

（3）练习后

练习后30分钟之内，不可饮食、排泄、卧床。若饮食，容易消化不良。若排泄，则泄气。若卧床，则气不通畅。

练拳三害

（1）努气

爪则折，易胸生满气、发生逆气，伤肺，心君不和则百官失其位。

（2）用拙力（蛮力）

若使用拙力，则四肢百骸血脉阻滞，经络不畅，阴火上升。心为拙气所滞，滞于何处，何处为病，轻者肉跳，重者疼痛，甚至结成疮毒。

（3）膨胸提腹

膨胸提腹者，逆气上行不归丹田，而足无根，轻如浮萍，全体不得中和。

不知三害者，练之可以伤身，知晓三害者，自能引入正道、滋养身心。树德务滋，除恶务本，练习者应谨慎为之。

身法

1 锻炼丹田

● 丹田功概述

身法名称

丹田功根据其外观也有蹲猴势、毛猴站、蹲丹田等别称。

"蹲猴势",是指猴子下蹲的姿势,"毛猴站",是指猴子站立的姿势。由于"蹲猴"与丹田功的动作相吻合,因此也有"蹲丹田"的说法。

丹田功的目的

内站丹田、外站猴势

解说 站,广义的解释是造就、培养。"在身体内部培养丹田,外形上要做出猴子的姿势",身体内部与身体外部是阴阳互通的关系,在丹田没有培养好之前,仅仅做好外部的姿势是没有意义的。另外,摆出猴势也可以培养丹田。

精养灵根气养身,元阳不走得其真,
丹田养就长命宝,万两黄金不与人。

解说 "灵根"是指丹田。"元阳不走"是指元阳不会被浪费。"长命宝"是指培养生命力。

心意拳中阴阳的运动

阴阳在戴氏心意拳里是非常重要的,虽然二者是相对立的,但是却彼此不能分离。比如呼和吸、刚和柔、虚和实、缩和涨、束和展、起和落、吞和吐、斜和正等动作是相反的,但正是两者的相互交合才能达到其各自的目的。

心意拳的身法及气的运行

内站丹田，外站猴势。

顶心塌手心、手心塌脚心、脚起到天门，即使架势低，也可以灵活地束展，保持像婴儿一样轻松安静的状态。下蹲内收，任督二脉交融，气血畅通丹田。如此循环往复，达到壮外培内的目的。长久锻炼，可达到外固形体而不散，内固根本而气实的目的。

通过意念作用达到气沉丹田，再通过内气向身体各个部位传送。（引气法、周天法）

丹田功的内功原理

○ "内外三合，合二为一"的原理

丹田催根节，根节催中节，中节催梢节。根节催，中节随，梢节追（三节、三催）。以意导气、以气促劲。劲可达四梢，由此可达到内外三合，合二为一。气可

丹田功运气法

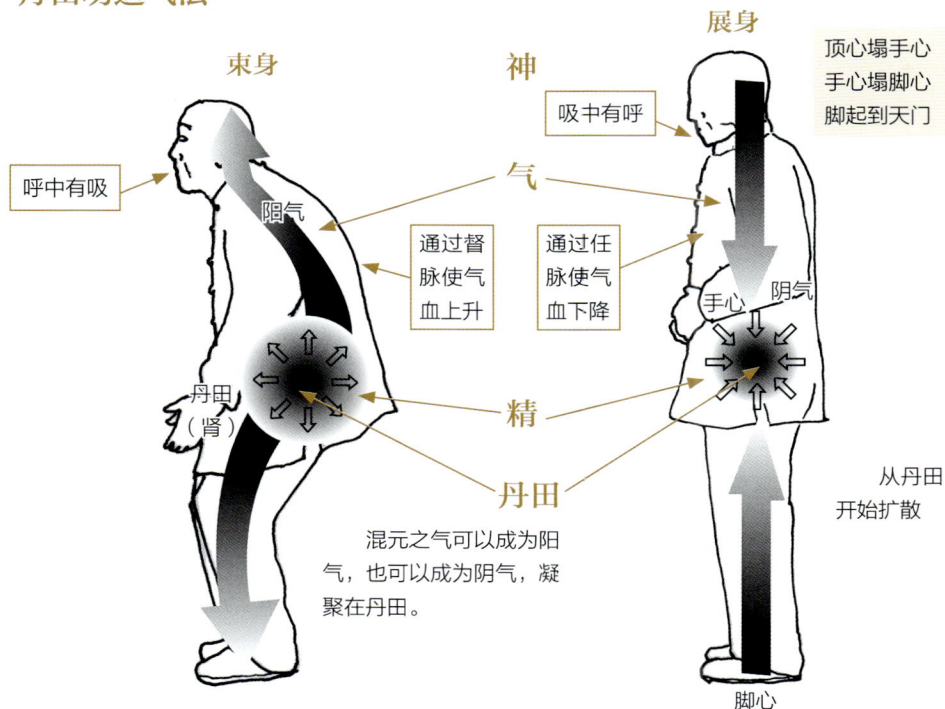

束身　　　　神　　　　　　　　展身

吸中有呼

顶心塌手心
手心塌脚心
脚起到天门

呼中有吸

阳气

气

通过督
脉使气
血上升

通过任
脉使气
血下降

手心　阴气

丹田
（肾）

精

从丹田
开始扩散

丹田

混元之气可以成为阳气，也可以成为阴气，凝聚在丹田。

脚心

以相互反应，吸到丹田后可以吐到肺经，清气下沉、浊气上升，呼中有吸、吸中有呼。但是在吸中有呼时，意念上将鼻子吸气后运至丹田，呼中有吸时意念上将气经过肺经排出。

> ※清气是指扩散的气。浊气是指凝缩的气。清气最终会聚集在一起，开始下沉，浊气则形成向上升。

○ 内功养成要领

炼内功可以模仿婴儿在母亲子宫内的姿势。舌抵上腭，嘴唇轻闭，牙齿轻咬。舌抵上腭时督脉即可贯通。两肘不离肋，两手不离心，出洞入洞紧随身。气沉丹田，刚中寓柔，柔中有刚。

○ 内功的健身效果

蹲丹田有提高身体功能的效果。以意导气、以气促劲，劲可达四梢。将脚伸直、直立背筋、伸展头部等束展运动，可以增高。以意导气，以气促劲可以补益全身，对膝关节疾病、腰椎疾病、脊椎疾病、颈椎病具有良好的预防及治疗效果。

专 栏

肺的运动与中医学

肺吸收大气中的清气，排放体内的浊气，具有呼吸、宣发肃降、水循环三种功能。

宣发是往上提的意思。肃降是往下降的意思。浊气、水分、体液（津液）、营养成分可以通过宣发功能往上提，从而到达全身，具有养育身体、保护身体的功效。

肃降可以吸收大气中干净的空气，使清气、营养、津液往下降。

肺部管理着体内的水循环运动，它调节身体表面毛孔的张闭，通过汗水调节体内的水分以及体温，同时，也可以提高卫气的通透性。

熟练戴氏心意拳的人，在发劲时会通过肺经使全身都起鸡皮疙瘩（在戴氏心意拳中，将该现象称为毛孔呼吸，通过自主神经的意识以达到控制的作用）。

丹田功歌诀

手抱丹田身躯正，二目平视脚并心。

神定心宁无杂念，轻松自然讲虚灵。

虎视眈眈不转睛，盯住对方看眼神。

含胸拔背肩内扣，沉肩垂肘向下沉。

收臀提肛如忍便，腹部内凹呈圆形。

两手下垂至膝面，边垂边翻见手心。

手托相挨臂靠臂，两腿弯曲呈圆形。

重心勿偏身脊正，三尖对齐最要紧。

舌抵上腭周天通，头要微仰却要正。

牙齿合紧嘴要闭，背弓腿曲为束身。

展身也要讲虚灵，徐徐起来劲不停。

挺项收额头要顶，视点不移眼出神。

挺胸竖脊脚底蹬，手抱丹田气呼尽。

气出两心为钉顶，若打快劲发呵音。

解说 三尖指鼻尖、膝尖、脚尖。三心指顶心、手心、足心。三圆指脊背圆、前胸圆、虎口圆。

专栏

武术传承与歌诀

歌诀是指将武术的要领用五字、七字等句子编成的诗一样具有韵律的口诀。

歌诀方便背诵，在传诵文化中对武术传承起到了很大的作用。

● 预备姿势

（1）无极势

动作 身体放松，双脚自然站立，与肩同宽，脚尖向前，两臂自然下垂，手掌贴着两腿外侧，双目微闭，使全身处于放松状态。此时不要动心意，也不要动外形。

要求 全身放松、立身中正、沉肩垂肘、虚领顶劲、心无杂念。

拳谱 凡是有动必有静，动者静之效，静者动之储也。然静为动之源，而运动者尤必先致力于静，如是则气内充而力外裕矣。

拳谱 三心扫，四相空，一气混沌，无所意向。

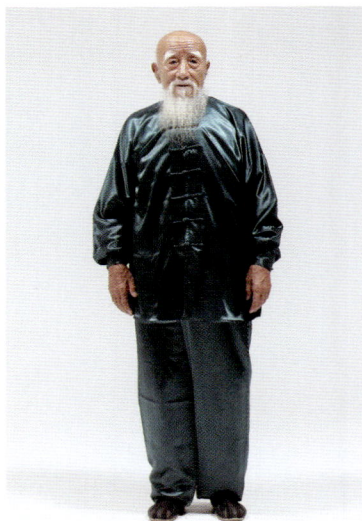

（2）太极式

动作 集中混元之气后，心意可动。两手从身体的两侧开始移动，在丹田前面将手叠起来。（男性左手在内、右手在外，女性右手在内、左手在外）两肘贴着腋下，身体垂直站立，头部自然垂直。下颌自然往后缩，口似开非开，牙齿微扣，舌抵上腭。二目平视，气沉丹田，用意识将丹田守住。

要求 立身中正、全身放松、二目平视、舌抵上腭、沉肩、贴肘、虚领顶劲、意守丹田。

拳谱 势将混沌之气略加收聚，此时心意已动，四梢之惊，不过内劲已具，而外形未露，谓之太极也。

要领 ·丹田功需要不断地重复束身与展身，并且束身展身动作要不断地进行，不能终止。

· 束身时吸气、展身时呼气，需要自然进行。

拳谱　动静，变化物体之位置或方向，曰动；保持原态，曰静。

拳法以静为本体、动为作用。若言静，未露其机；若言动，未见其迹。动作敏速则迹不见。

心意拳当行动时，心中泰然，抱元守一。

未当不静，及期静也，神明未测，有触即发，未当无动，于动时存静意，于静中寓动机，一动一静，互为其根，合乎自然也。（十六柱）

气与丹田功

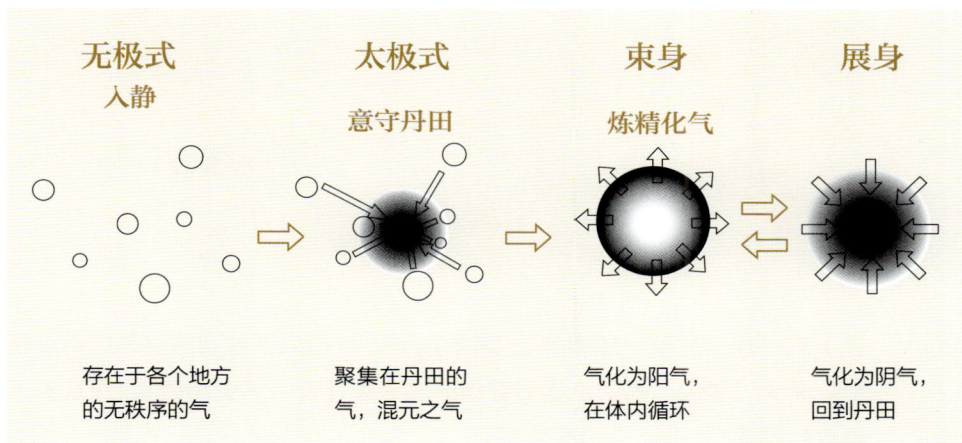

无极式	太极式	束身	展身
入静	意守丹田	炼精化气	
存在于各个地方的无秩序的气	聚集在丹田的气，混元之气	气化为阳气，在体内循环	气化为阴气，回到丹田

蹲猴桩正面

● 丹田功练法

意义　丹田功是戴氏心意拳的核心动作。通过丹田功的练习，可以掌握戴氏心意拳的身法。丹田功是在所有的技法中都会使用到的身法，通过熟练地使用丹田功，可以由丹田向全身发送巨大的劲力。

（1）束身

动作　束身动作紧跟预备姿势。束身是指将骨盆向着斜前方向旋转（缩尾），两膝向内弯曲并拢（裹胯、鸡腿）。同时，上半身需要含胸拔背，将背部弯曲（含胸拔背、猴背），两目平视，放松脖颈，头部、颈部、背部形成S形（虎豹头）。肩部往内下沉（抱肩），肘部向内并轻贴侧腹（肘不离肋），像

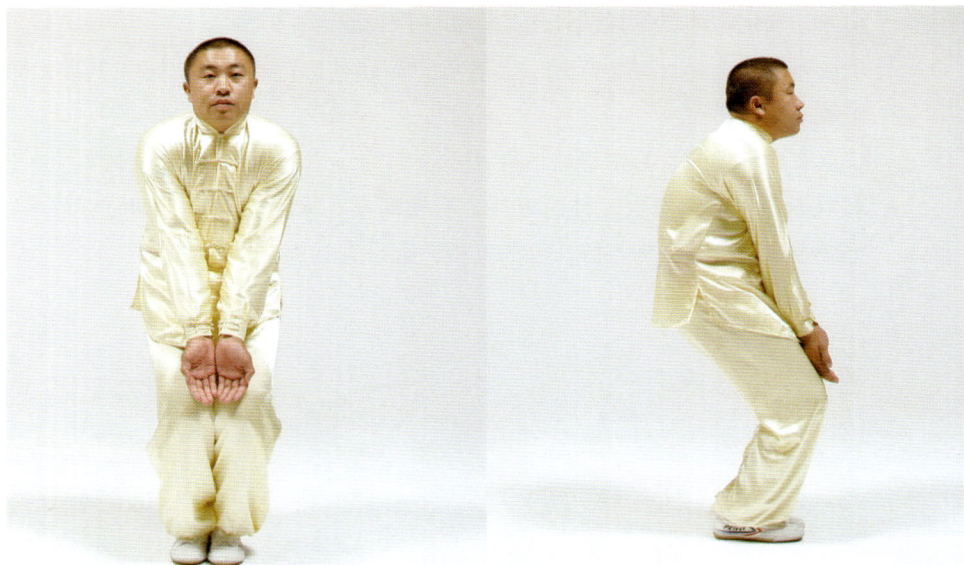

束身（正面）　　　　　　　　　　　束身（侧面）

往下放一样（裹劲、螺旋劲）。两掌翻开，将指尖下放到膝盖处，向着正面。鼻尖、膝尖、脚尖从侧面看能形成一条直线（三尖相照），像是猴子蹲着的姿势。

所有的动作同时开始，同时完成。

容易出现的错误

背部、头部没有弯曲，处于垂直僵硬的状态。动作没有一起完成，处于散乱的状态。

要求　　抱肩，贴肘，裹胯，提肛，缩尾，含胸拔背，三尖相照，二目平视，完整一致。

内劲　　裹劲，滚劲，缩劲，合劲。

拳谱　　由前势将身束下呈舒势，即站毛猴式也。

此时全身阴阳已分，不过三体四象未判，谓之两仪势也。

（2）展身

动作　紧跟束身动作，将腰部顺时针旋转（熊腰），伸膝，双足踏地（钉劲），双脚伸直，同时将背部伸直，扩胸。稍微收回下颌（收腭），伸展脖颈，将劲向上贯通（虎豹头、顶劲），眼睛向前看（双目平视），顺着上述动作，两掌向上翻转过来后移到丹田，像抱着丹田一样用两掌抱着下腹部（手抱丹田）。

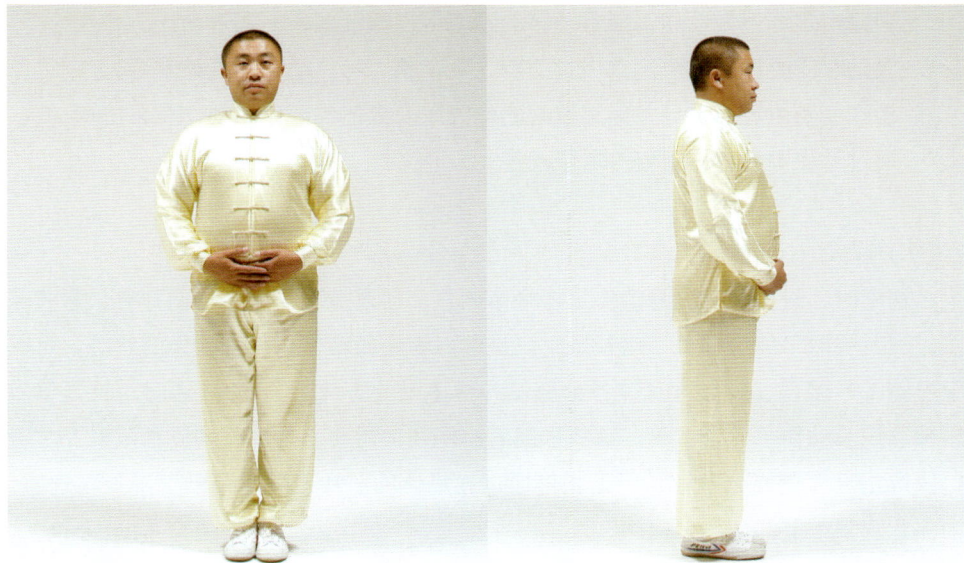

展身（正面）　　　　　　　　　　　展身（侧面）

要求　双肩放松下沉，肘部轻贴腹部后贴着腋下（松肩、垂肩、贴肋）。身体垂直站立（立身中正），身体不能左右或前后倾斜。眼睛向前看（双目平视），所有的动作都同时开始，并且同时完成。全身放松，气沉丹田，呼吸自然。

容易出现的错误

· 有的动作开始了，有的动作却没有跟上。伸展之后，虎豹头等动作才开始启动，动作步调不一致。

· 身体前后左右倾斜，不稳定。

· 胸部、头部、肩部紧张，无法做到气沉丹田。

内劲 通过展身焕发身体机能，脚心的涌泉穴钉向下方，头部的百会穴向上顶起。熟练之后，可以培养向各个方向扩散的崩劲和爆发劲。

讲解蹲猴桩要领

丹田功要领

·慢练时用鼻子吸气、吐气。伴随发声时用鼻子吸气、用嘴吐气。嘴巴似开似闭。

·以慢动作为重点，偶尔可以加入快动作（快速动作、发劲动作）练习。初学者应当多练习慢动作，随着动作的熟练可以渐渐加入一些快动作。

·发劲时需要伴随雷声。雷声有"嗨、呀、咦、呵、哈"等五种发音。

·动作需要由意识引导并确定重心的位置以及身体各部位的动作是否协调一致，通过意识调整身体的姿势以及动作。

丹田功详解（正面）

初学时，丹田功的展身动作是将身体伸直，而束身动作则是弯曲背脊、弯曲膝盖，同时将两手伸至膝盖。刚开始时只是学习粗略的动作，随着动作的熟练，可以学习胸部、腰部、脚心等身体各个部位的动作以及协调（三节），同时也可以学习精神意识及动作（六合）等。这些详细的动作往往需要通过观看实际示范以及学习口诀等指导才能充分理解，但是相信通过连贯性的照片也可以帮助读者提高理解。请注意观察细节部分。

正面轻动

展身 → 束身

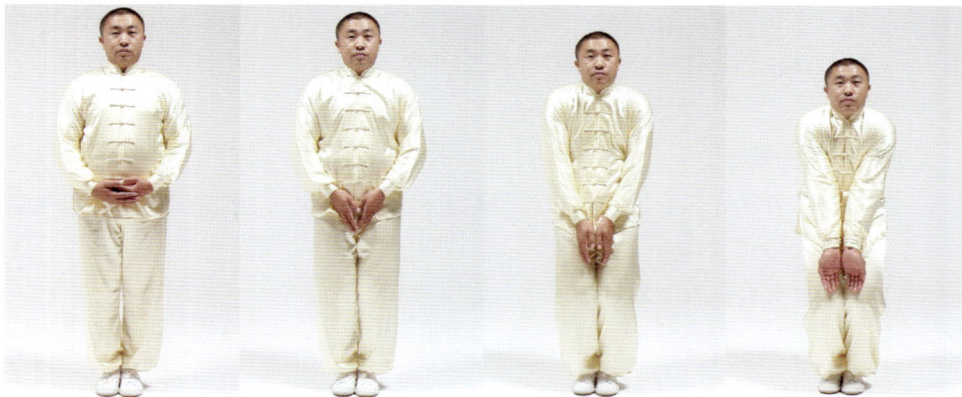

束身 → 展身

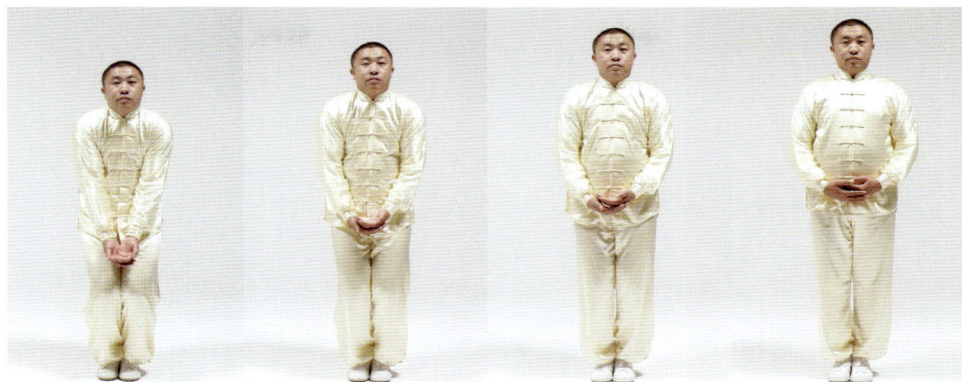

丹田功详解（侧面）

侧面轻动

展身 → 束身

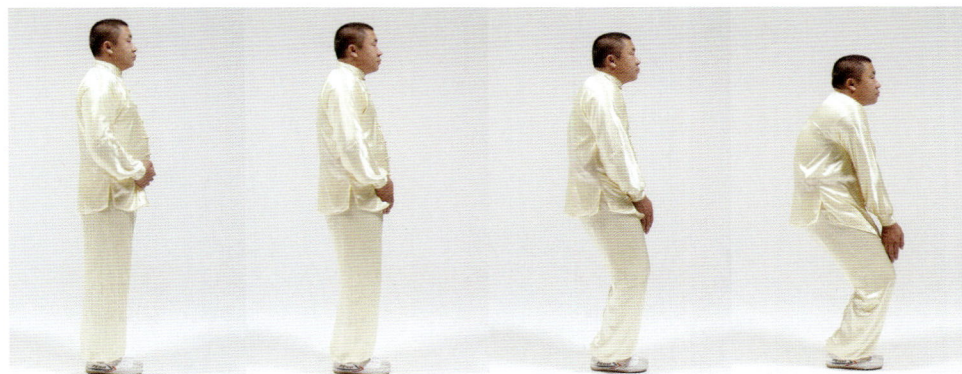

束身 → 展身

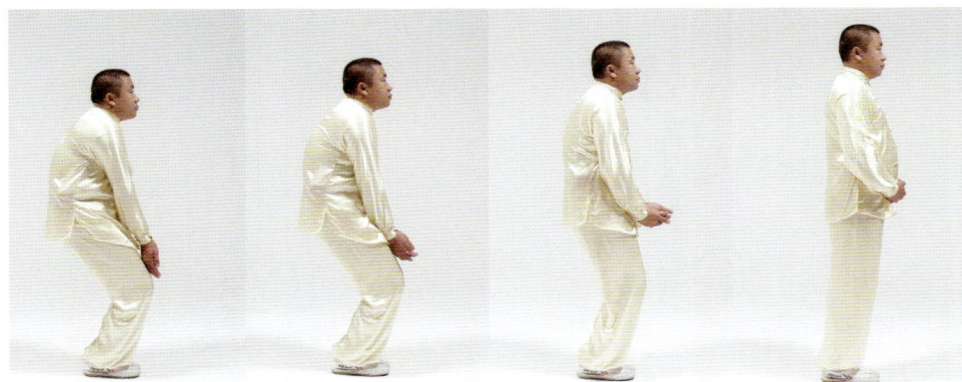

2 产生劲力的条件之一 "身法六要"

● 身法与劲力

所谓身法六要，是指构成身法的六种动作：鸡腿、龙身、熊腰、鹰膀、猴背、虎豹头。这六种身法各有其妙，鸡腿取其独立之能，龙身取其活跃之态，熊腰取其力大之势，鹰膀取其扑击之猛，猴背取其纵身之灵，虎豹头取其虎视眈眈之神。

这些身法能够通过身体各部位的弯曲、展开（缩束展涨）而使身体中心所产生的劲力毫无阻塞地输往全身，并按六要规矩达到周身劲力饱满协调一致，这与"丹田一动浑身俱动"是相符合的。

丹田功的身法与劲力

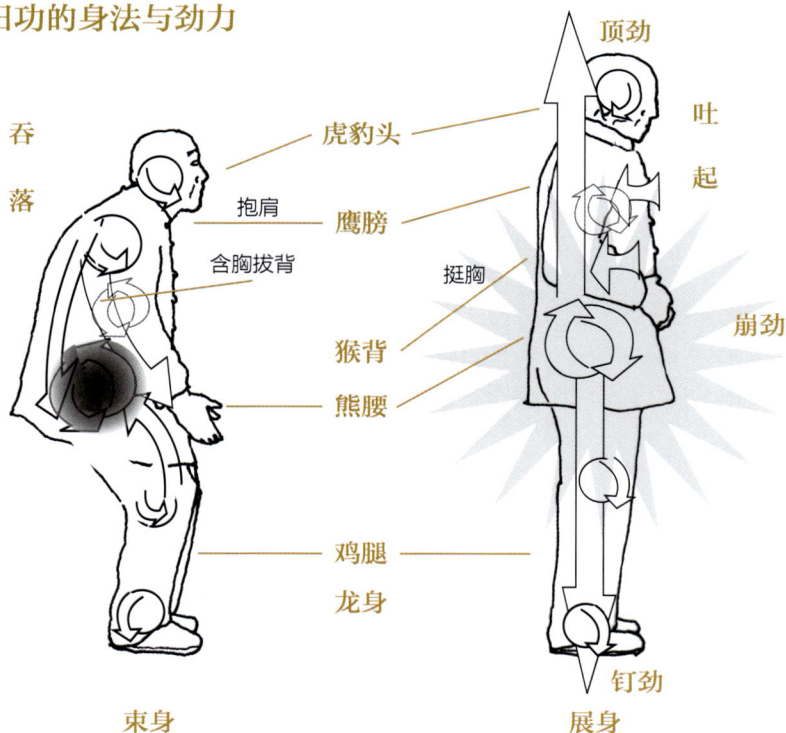

吞
落

虎豹头

抱肩

含胸拔背

鹰膀

猴背

熊腰

鸡腿
龙身

束身

顶劲

吐
起

挺胸

崩劲

钉劲

展身

劲力的基本概念——曲

断劲：劲力在发放过程中出现中断。

拙力：只利用身体的一部分发力而产生的僵硬力量。

蛮力：通过强化部分肌肉从而达到将力发挥出去的力量。

如果能各关节构成角度，就可以由各肌肉散乱的肌力将力量发挥出来。

如果原封不动地在拙力的基础上强化肌力，则难以培养出全身的协调性及巧妙性。

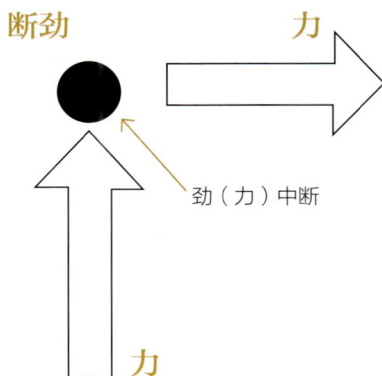

断劲

力

劲（力）中断

力

容易产生断劲的例子

使劲的现象：	抬肩、开肘、用力等。
萎靡的状态：	腰脚无力、腰（重心）上移等。
意识不集中的状态：	走神、松懈、足部不着地等。

劲力

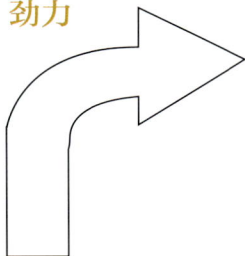

熟练之后，可以摆出不产生断劲的姿势及动作。

为了发劲，身体必须达到无死角，从而避免出现断劲。
这样既不会使力量中断，又能将全身的力量协调发挥。
所发出来的力量就是全身协调后产生的力量。
主要的锻炼方法为做到全身协调一致。
戴氏心意拳的身法的训练就是以此为目的。

● 身法六要

鸡腿

鸡有独立之能，练鸡腿是为了掌握平衡能力。

鸡腿因其两腿夹紧，则敌不易采入中门，

且其出步系从肚里掏出（脚从肚里出），可免意外之险。

解说 迈出虚灵步时，两腿不仅仅是简单地闭合，而且需要重叠后再闭合（剪子股）。膝盖向内弯曲，拥有向前的劲力。做鸡腿动作时，即使是静止的形态，劲力也犹存在内，一旦重新运动便可产生强有力的劲力。

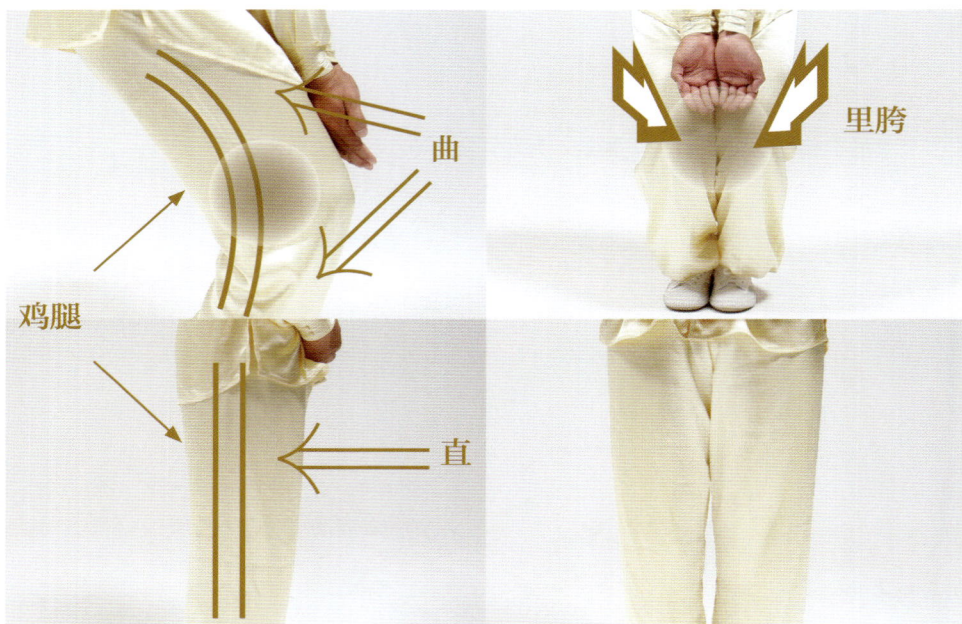

曲

里胯

鸡腿

直

丹田功中的鸡腿

从纵向来看，通过弯曲储存大量的劲力。

从横向来看，通过裹胯储存劲力。

通过展身动作而使劲力向外释放。

腿部作为身体下盘的基础以及根基，是产生爆发力的强大原动力所在。

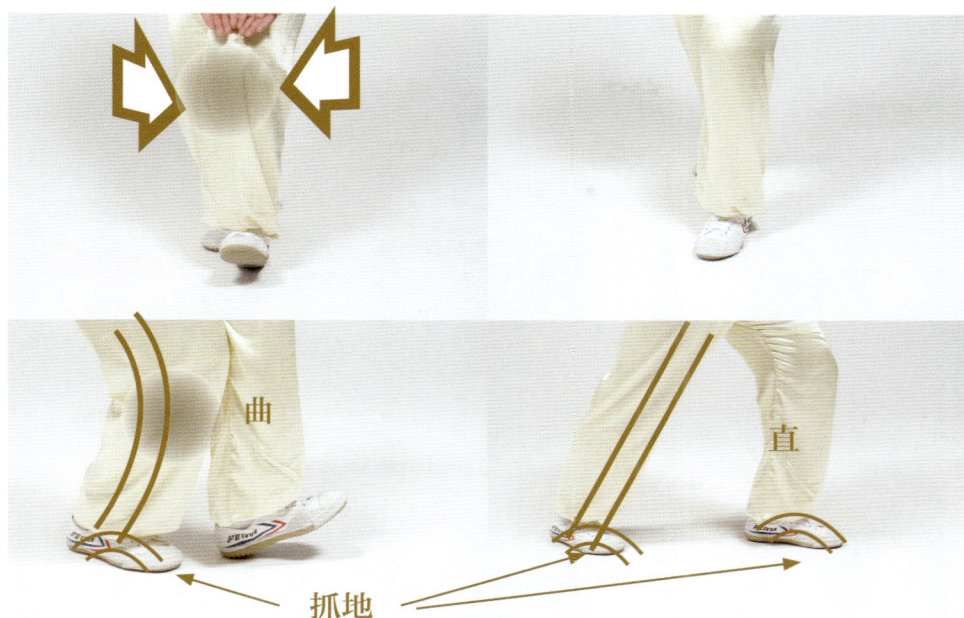

曲

直

抓地

从虚灵步转化为虎步中的鸡腿

搬丹田的鸡腿与丹田发劲是一样的原理，根据步法的不同，通过丹田翻转催动三节（胯、膝、足）上步，落步时五趾抓地以保持平衡。

熊腰

熊腰取其下贵蹲有劲，则扎势稳固不易颠跌。

解说 熊腰取其力大之势。

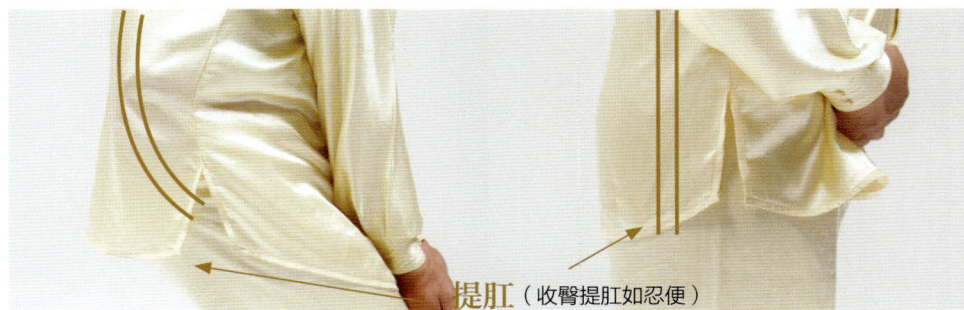

提肛（收臀提肛如忍便）

腰是全身的中间部位，腰部可以产生巨大的劲力。如果腰部角度不合规矩，劲力的传输则不通畅。通过腰的弯与直，可使处在身体中心位置的丹田中产生的劲力向周身传送，因此腰是一个非常重要的部位。

做熊腰时，上方向需要与猴背协调一致，从而产生并传送劲力，下方向需要与鸡腿协调一致从而产生并传送劲力。

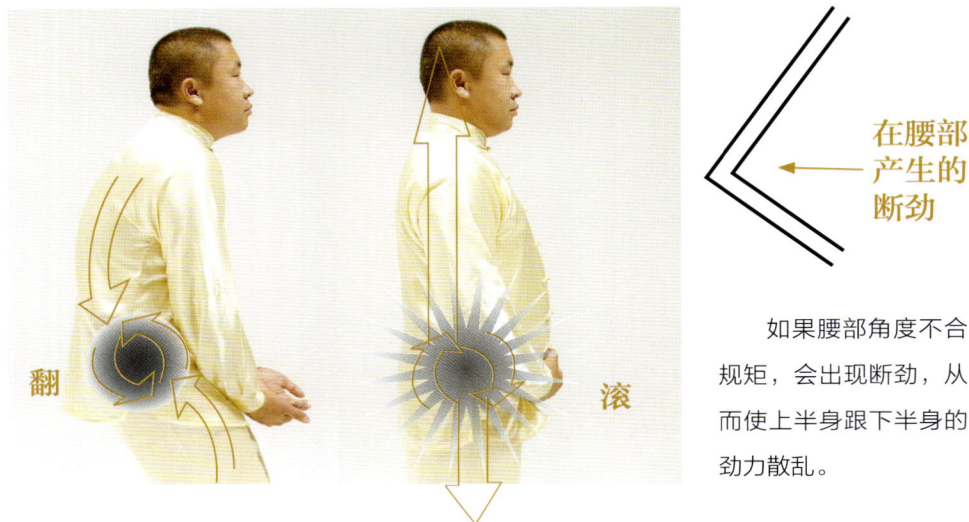

在腰部产生的断劲

如果腰部角度不合规矩，会出现断劲，从而使上半身跟下半身的劲力散乱。

由熊腰及鸡腿产生的劲力通过弯曲腰部再竖直，由丹田产生的劲力传达至膝盖和脚心，一定要避免角度偏差引起断劲。

猴背

猴背取其后背突出，而内天自收，翻时有势。

解说 猴有纵身之灵，通过练习猴背掌握缩束的要领。

拔背　含胸　腹部内凹

含胸就是缩和束，拔背就是展和涨。

含胸拔背可使丹田产生的劲力向梢节传达并办调一致。含胸还可以将对方来劲吞化，起着非常重要的作用。

鹰膀

鹰膀取其膀束而钻颠有势，起落有劲也。

解说 鹰膀取其扑击之猛，通过练习鹰膀掌握肩部束展的要领。

鹰膀是通过消除身体与手臂的角度而使断劲消失。通过弯曲腰部，使由丹田产生的劲力向外传送。鹰膀通过肩膀横方向地开合，可使已通过猴背的丹田劲力传向手臂。做鹰膀时要注意沉肩、松肩。

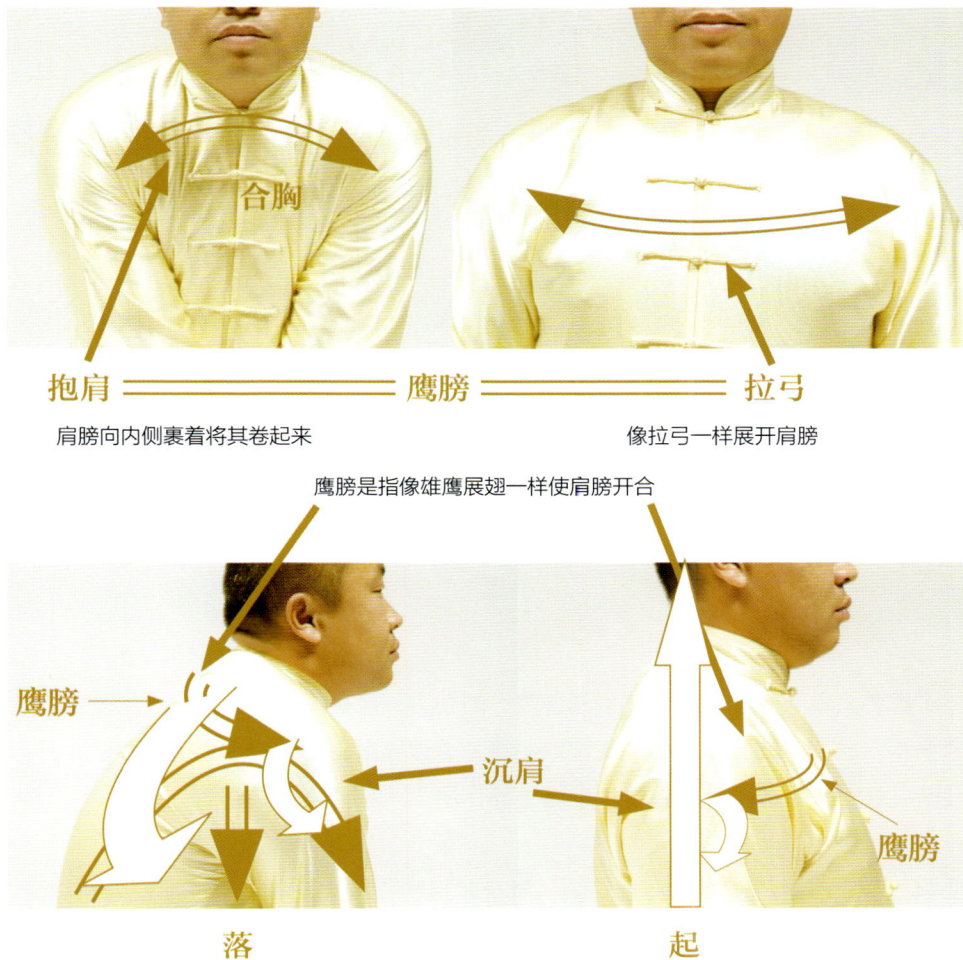

合胸

抱肩 ══════ 鹰膀 ══════ 拉弓

肩膀向内侧裹着将其卷起来　　　　　像拉弓一样展开肩膀

鹰膀是指像雄鹰展翅一样使肩膀开合

鹰膀　　沉肩　　鹰膀

落　　起

在做缩束动作时，通过丹田的翻滚、含胸使胸部消除紧张状态，在做展涨动作时，肩膀向两侧展开，挺胸竖脊拔背。

即使丹田翻滚，肩部也不能紧张或抬起，要保持沉肩。

虎豹头

虎豹头是指像老虎或豹子般捕获猎物时，近距离弯腰悄悄地接近，目光紧盯猎物。在袭击猎物时抬起身子，扑过去后从上方将猎物按倒。在束身时将头部稍微仰起，展身时，下颌稍微收起，使头部纵向旋转。

> 虎豹头取其振骨挺直，则额颅有劲。
>
> 俗云："豪杰出于振骨，英雄出于额颅。"亦此意也。

解说 虎豹头，取虎视眈眈之神，模仿的是虎豹聚精会神捕食时的神态。

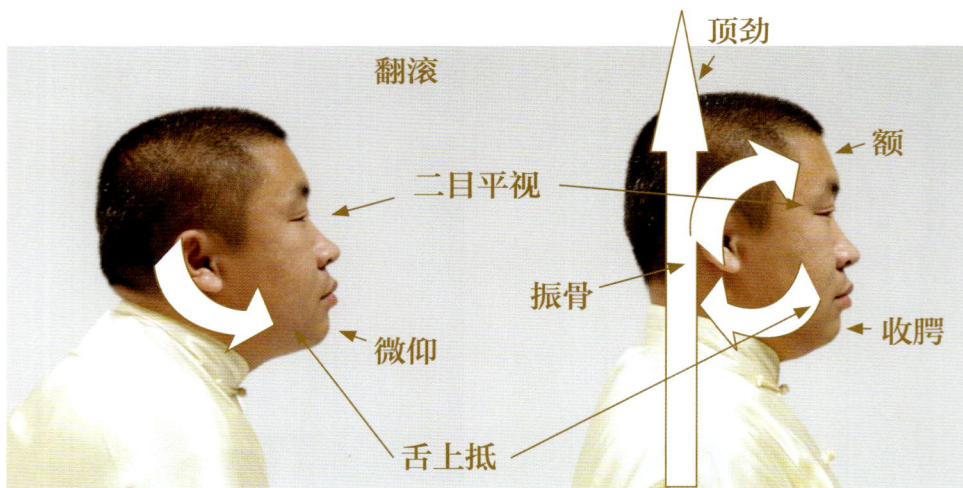

虎豹头本身的翻滚动作并不具备巨大的劲力，但是虎豹头的主要作用是与其他六要相互联系，调整全身的平衡性以便将劲力传导出去，关键在于虎视眈眈，且不转睛盯住对方看的眼神，在身法中起主导作用。（眼有监察之精）

要领　·束身时，头要微仰且要正，展身时挺项收腭头要顶。头部即使纵向翻滚，眼睛仍保持平视。

· 不能使头部僵硬，束身时下颌不能过于向前，展身时下颌不能过于收回，各种动作都不能刻意为之，要保持自然。

· 舌抵上腭，牙齿微扣，嘴唇微闭，似开未开。

龙身

龙身是指像龙一样灵活，闪展腾挪变化莫测。将鸡腿、熊腰、猴背、鹰膀、虎豹头以及起落、斜正等纵向、横向的运动通过全身表现出来，这种劲力刚柔并济。

原文 龙身取其扭转灵便，变化莫测也。

身体的弯曲① ——以丹田功为例

龙身是指鸡腿、熊腰、猴背、鹰膀、虎豹头牵涉的胸部、肘部、手部、手指等所有部位灵活地移动，柔而不弱，刚而不僵，从而产生内劲。初练时，需意遍周身，随着动作的熟练，动作会越来越连贯，周身协调统一。

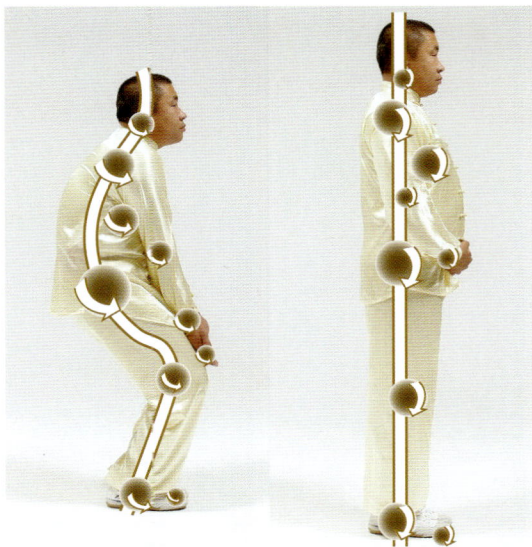

身体的弯曲② ——以崩拳为例

起落　　抱肩

○ 龙身是如何练出来的

先练蹲丹田把身上的爆发力引导出来，再通过练搬丹田（包括闪展步、地盘步等各种步法）把爆发力挪出去，最后通过单把、双把等各种身法练习把爆发力催到梢节上，经过长期训练形成全身的灵活性，这才是龙身真正的含义。

步法

1 搬丹田

● 歌诀解说

搬丹田（步法）歌诀

手抱丹田身躯正，右脚后拖至脚跟。

脚尖微侧趾顶跟，重心压在后脚心。

后腿微弯呈圆形，前腿微曲要虚灵。

脚掌上跷翻脚心，抬头弓腰似猴形。

两腿弯处至顶膝，两手至膝束势成。

到此为止算束身，再做展身往前行。

重心前移前腿出，脚掌抓地要毒狠。

前后距离一脚半，脚向内扣同向行。

前弓后直为虎步，到此步法算完成。

解说 "手抱丹田身躯正"是预备姿势，属于步法开始前的站立姿势。
"右脚后拖至脚跟"是开始动作。使用虚灵步站立，前脚脚后跟与
后脚脚尖之间应保持一拳距离。

"脚尖微侧趾顶跟，重心压在后脚心"是斜中有正的虚灵步。

"脚尖微侧趾顶跟"，如图所示，后脚如斜站在一长方砖内,脚尖对
方砖右上角,脚跟对左下角，后脚心落在方砖中心线正中。前脚脚
后跟里侧和后脚脚心在一条直线上，前脚大趾和二趾接缝处也和
后脚心呈一条直线。

"重心压在后脚心"，指后腿微弯呈圆形，前腿微曲要虚灵，脚掌
上跷翻脚心。重心在后脚，前脚脚跟着地，脚掌自然上跷，重心
分配比例前三后七，前脚为虚，后脚为实。更进一步的要求，后
脚也做到脚掌与脚跟虚实变换。

"抬头弓腰似猴形"指虎豹头、猴背、鹰膀、熊腰（后文描述）。

"两腿弯处至顶膝"使前腿弯曲与后膝盖重合，形成夹剪，后腿膝盖顶到前腿弯内侧约1/3处，这样才能达到夹剪要求的合住又放松（拳谱中的"步步行动剪子股"要领）。

虎步的要求

"重心前移前腿出"是指边移动重心，边向前迈步。需要注意的是，并不是迈步后才将重心移动。

"脚趾抓地要毒狠"指平常练习前脚五趾落地自然抓住地面，保持身体平衡稳定。毒狠的要求是指发劲时，落地的瞬间发出爆发力。

"前后距离一脚半"是指后脚指尖与前脚脚跟之间的距离。（一脚是赤脚脚尖到脚后跟的距离，练习者应根据自身腿脚长度适当调整。）

"脚向内扣同向行"前脚向前迈步，要保持与虚灵步一样的方向，不能改变其角度，变化的只是前后脚的距离。（脚需要向内平行）

以上讲的是"虎步"的要求。

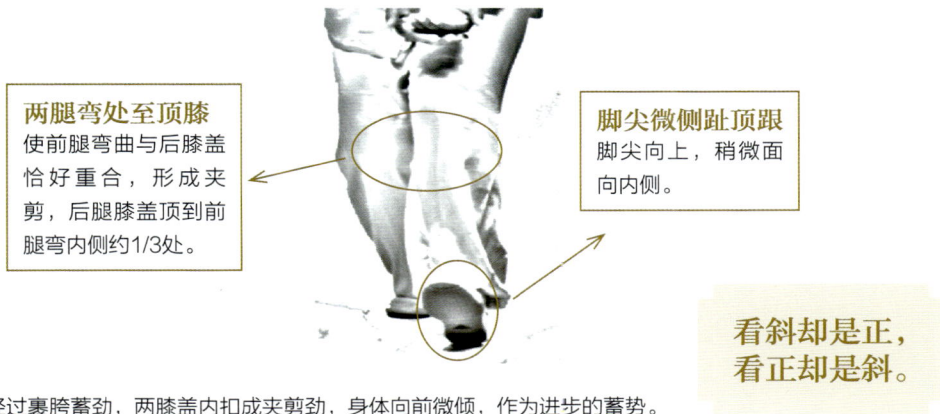

两腿弯处至顶膝
使前腿弯曲与后膝盖恰好重合，形成夹剪，后腿膝盖顶到前腿弯内侧约1/3处。

脚尖微侧趾顶跟
脚尖向上，稍微面向内侧。

看斜却是正，看正却是斜。

经过裹胯蓄劲，两膝盖内扣成夹剪劲，身体向前微倾，作为进步的蓄势。

搬丹田歌诀图解

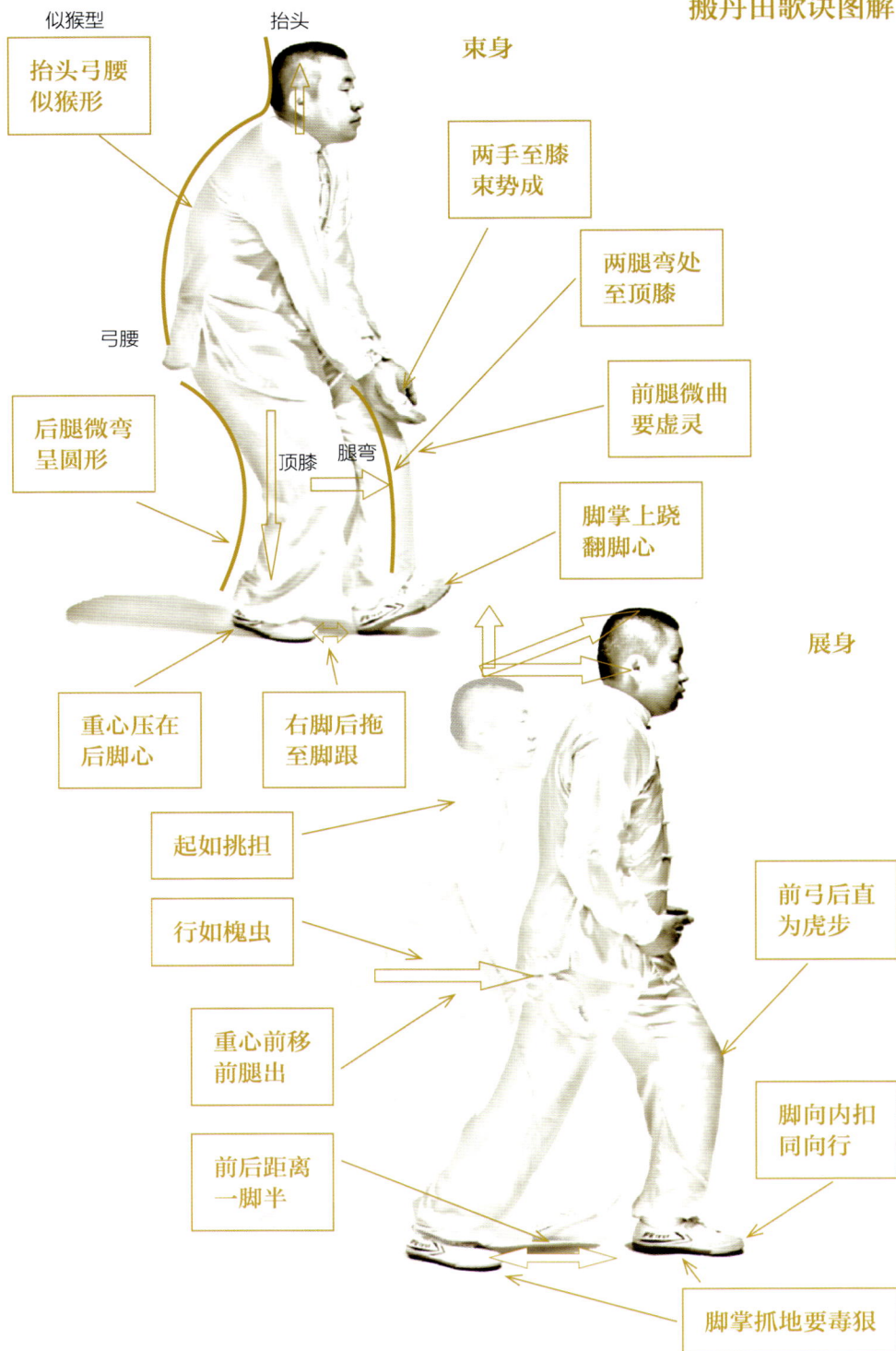

似猴型

抬头

束身

抬头弓腰
似猴形

两手至膝
束势成

两腿弯处
至顶膝

弓腰

前腿微曲
要虚灵

后腿微弯
呈圆形

顶膝

腿弯

脚掌上跷
翻脚心

展身

重心压在
后脚心

右脚后拖
至脚跟

起如挑担

行如槐虫

前弓后直
为虎步

重心前移
前腿出

脚向内扣
同向行

前后距离
一脚半

脚掌抓地要毒狠

步法的种类

步法有寒鸡步、虎步、寸步、疾步、践步、窜步、龙形步、一字步、直步、地盘步、车轮步、反侧步、圆形步、蛇形步、闪战步等多种类型。

○ 白鹤亮翅中的地盘步

○ 跳跃技法

步法的意义

拳谱曰："步打七分手打三"，所有步法的目的都是交手时抢占先机，掌控好自己的重心，破坏对方的重心。拳谱曰："墙倒容易推，天塌最难擎"，指的是只有破坏了对方的重心，才能击倒对方。

● 虎步

虎步

在戴氏心意拳的技法中，虎步是最基础的步法，其他步法都是在其基础上根据方向的变化而产生的。虎步也是戴氏心意拳搬丹田中的核心步法，是初学时必须掌握的步法。

练好蹲丹田的爆发力后，需要在身体移动变化中把丹田爆发力催发出去。虎步是练习爆发力催发全身的基础。

动作说明

■ 无极式

动作1 两脚自然站立。

拳谱要领：头顶天，足抓地，先定心，心定神宁，神定心安，心安清静，清静无物，无物气行，气行绝象，绝象觉明，觉明则神气相通，万气归根，合成一气。

（绝象觉明：指的是练到高级程度似有似无的感觉，说有又没有，说没有又有。）

■ 太极式

动作2 在太极式中，动作虽未变化，但意识已开始运行，这是动作开始前的姿势，是一种静中有动的姿势。

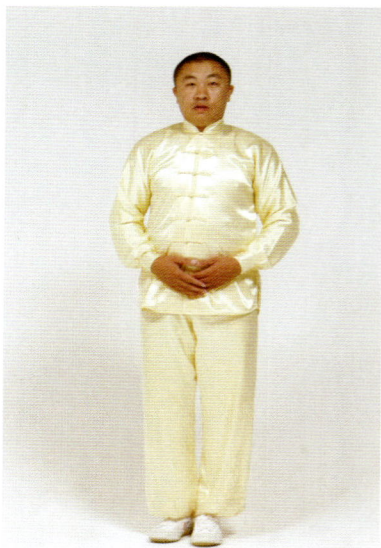

动作1、动作2 无极式、太极式

意念 气沉丹田，意念贯注丹田，身体处于心平气和的状态。
同时需要具备缩束展涨的意识。

要领 立身中正、全身放松、沉肩垂肘、虚领顶劲、气沉丹田、呼吸自然、舌抵上腭、二目平视、两肘夹住。

■ 虚步

动作3 左脚稍向右侧打开，如前述斜站于一长方砖中，同时束身，右脚上前呈虚步，脚掌上翘，身体向着前进方向。左脚尖与左脚后跟保持一拳距离，左脚脚心与右脚后跟的内侧从正面看起来呈一条直线。左右膝盖如弓般弯曲，重心转移到左脚，右脚成虚步。

同时双手背贴左（前）大腿。

束身与虚步相互协调，动作需要同步开始、同步完成。

内劲 裹胯蓄劲，前腿弯曲与后膝盖重合，形成夹剪。

要领 抱肩、裹胯、束尾、收臀、提肛、含胸、拔背、沉肩、腹部内凹、两目平视、呼吸自然、完整一致。

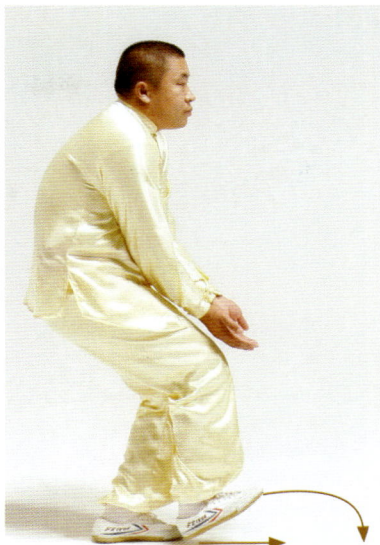

动作 3　虚步

■ 弓步

动作4 重心前移，右腿出，展身的同时，左脚位置不变并伸展膝盖，催动右脚贴地上步，保持两腿夹剪劲，两脚间距一脚半（步大不灵）。

同时两手翻转抱住丹田。

内劲 钉劲、顶劲、踩扑劲。

要领 立身中正、全身放松、沉肩、虚灵顶劲、气沉丹田、二目平视、呼吸自然。

动作 4　弓步

动作 5　寸步

■ 寸步

动作5　右脚稍微向前迈进，成斜形。

要领　完整一致，寸步开始的同时缩束全身。

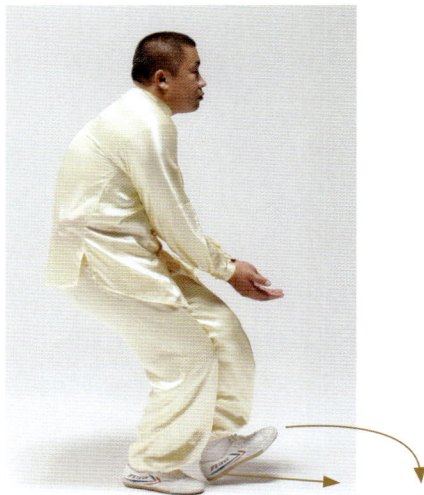

动作 6　虚步

■ 虚步

动作6　在束身的同时，左脚向前迈一步（上步），呈左虚步。动作要领和前述要求一样。

动作 7　弓步

■ 弓步

动作7　展身的同时，右脚位置不变并伸展膝盖，催动左脚上步，两脚间距一脚半。

■ 动作7之后

按照动作3~动作7重复练习。

■ 转身

动作 弓步后两脚跟碾地，向后旋转至身体面对后方，转后束身呈虚步。

要领 练习时需要时刻保持周身要领，意识到六合（浑身）的协调以及身体的稳定平衡等。感觉疲惫时，便可收势休息。

解说 虎步练习按照虚步→弓步→寸步→虚步→弓步→寸步……的顺序反复练习。

■ 收势

动作 弓步后脚向前脚靠拢，不需刻意并拢，自然站立，恢复成无极式。

要领 收势的丹田功虽只运行一次，但多次运行也无妨。其作用是将气归于丹田，沉到涌泉。

虎步规矩

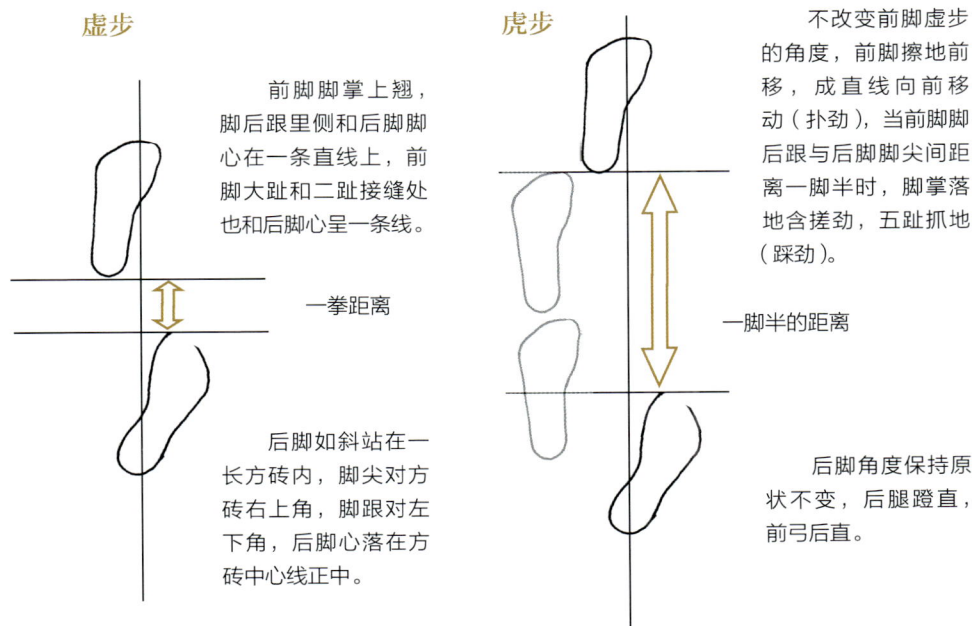

虚步

前脚脚掌上翘，脚后跟里侧和后脚脚心在一条直线上，前脚大趾和二趾接缝处也和后脚心呈一条线。

一拳距离

后脚如斜站在一长方砖内，脚尖对方砖右上角，脚跟对左下角，后脚心落在方砖中心线正中。

虎步

不改变前脚虚步的角度，前脚擦地前移，成直线向前移动（扑劲），当前脚脚后跟与后脚脚尖间距离一脚半时，脚掌落地含搓劲，五趾抓地（踩劲）。

一脚半的距离

后脚角度保持原状不变，后腿蹬直，前弓后直。

■ 退步虎步

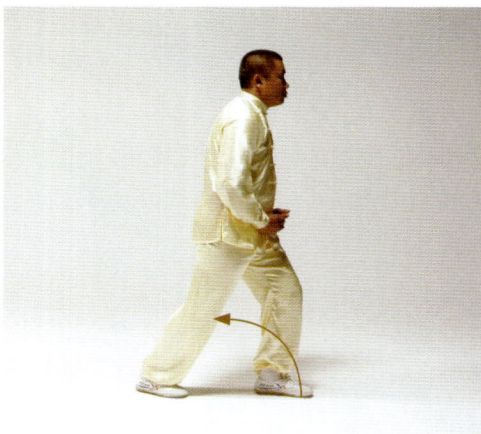

动作 1　弓步

动作 2　提步

动作1　重心后移，弓步前脚上提。

动作2　将膝盖提至胯部（脚与膝平，膝于胯平），脚尖向下。

要领　松腰，提膝，从脚后跟开始向上提，垂脚尖，形成三节。

※三节——根节催，中节随，梢节追。

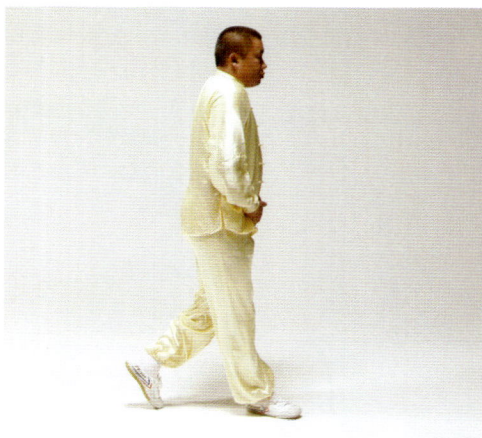

动作 3　落步

动作 4　虚步

动作3　脚尖向后扎地，脚掌、脚跟依次着地。

动作4　重心落在左脚上，右脚与支撑脚间距离为一拳，成虚步。

要领　抬起的脚部内侧贴着支撑脚膝盖内侧（夹）向后下放。

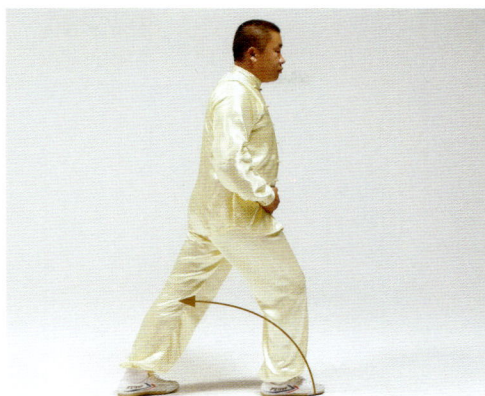

动作5　弓步

动作6　提步

动作5　弓步前脚上提。

动作6　将膝盖提至胯部（脚与膝平，膝于胯平），脚尖向下。

要领　松腰，提膝，从脚后跟开始向上提，垂脚尖，形成三节。

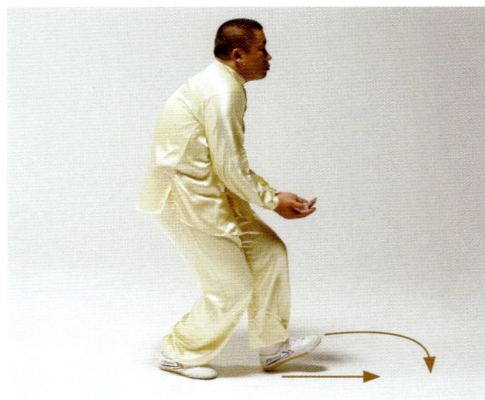

动作7　虚灵步

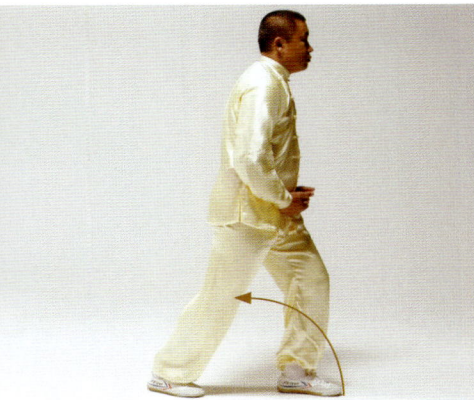

动作3　虎步

动作说明

动作8完毕，从动作2开始重复练习。当练习一定距离之后，再开始练习前进的虎步，最后收功。

练习阶段

初学时，按照同样的速度练习。随着动作的熟练，从退步到虚步可以在一个动作内完成。虚步练习时需要做到稳定平衡。

步法连环爆发

● 虎步练习的三阶段

练习方法：

第一阶段

初学时，按照虚步→弓步→寸步→虚步→弓步……的顺序，每个动作逐一完成。练习时需要不断确认是否已经掌握正确的动作及姿势。

寸步移动的幅度不需要太大。

第二阶段

掌握了正确的动作及姿势后，随着动作的熟练，可以开始展开缓急有度的练习。

寸步→虚步在一个动作内完成，在虚步后停止保持稳定平衡状态。缓急有度地展开虚步→虎步动作。

寸步移动的幅度可以稍微加大。

第三阶段

上述寸步→虚步→虎步……可以在一个动作内完成，动作顺其自然。

后腿如弓、前腿如箭

解说 "身如弓、手如箭"，是指身法与手法之间的关系，六合中讲手与脚合，手去脚不去，枉然；脚去手不去，亦枉然。手脚齐到方为真，所以应该讲身如弓，手脚如箭。

与此相同，在表现上有"后腿如弓、前腿如箭"的说法。

在戴氏心意拳中，当身法处于弓形时，后腿也要处于弓形。后腿形成弓形，可以积蓄原动力，前腿可以如弓箭般释放。保持这样的状态，不断地练习可以达到一定的境界。

虎步用法

虎步很少单独使用，一般都是与手法或身法相互协调使用。下面介绍单独使用虎步的情况。

动作 1　摆出虚步，出前脚

动作 2　填满间隔，但由于两腿间间隔较大，将后脚向前脚靠拢（拖步）

关于拖步

初学者在练习虎步时，不能勉强使用拖步，刚开始练习时要保持后脚钉住不动。

拖步是爆发力练习到一定程度的高级步法，"起前脚，带后脚，平飞而去"，是爆发力大于自身重量自然形成的步法，拖步时后脚不能离地。

从虚步变换为弓步时，保持后脚不动，并随着动作的熟练，全身协调统一，逐步培养出钉劲。随着爆发力的增强，使用拖步也可以产生劲力，收发自如。

动作 3　形成弓步，通过前脚膝盖、小腿或者大腿发力

● 熊行步

熊行步的意义

　　熊行步是在虎步基础上因敌而变化产生的斜向步法,与丹田功的束身展身动作相互协调,促使重心移动以及全身爆发劲力。交手时根据对手方向的变化,采用熊行步调整自身攻击的方向,避免对手逃脱。

熊行步的动作

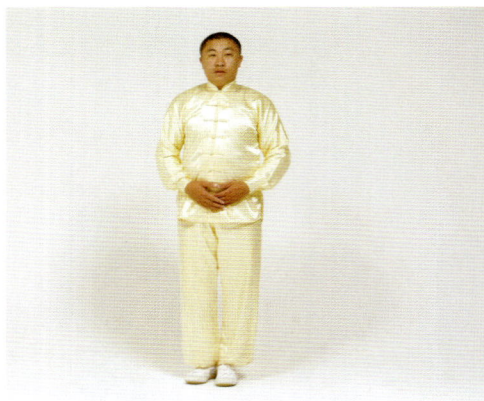

动作 1　无极式、太极式

　　无极式（内不动意、外不动形）、太极式（心意动、外不动形）。

动作 2　虚步（左）

　　向着前进方向,伴随束身动作,形成虚步。手法与丹田功一样。

　　将左脚向斜向45°迈开,形成弓步。（45°是初步练习时的要求,实际应用因对手的变化而变化,保持正面面对对手。）

动作 3　弓步（左）

动作 4　寸步　虚步

向相同方向迈左脚形成寸步,然后将右脚向前迈出(上步),形成虚步。

动作 5　弓步(右斜)

将左脚往前进方向迈出,形成弓步。

动作 6　寸步

在前进方向形成直线寸步。寸步与下一个虚步需要在一个动作内完成。

动作 7　虚步(左)

向着前进方向,伴随束身动作,形成虚步。手法与丹田功一样。

动作 8　弓步(左)

左脚向前进方向迈出,形成弓步。

完成动作8后,重复动作4以后的动作。

转身动作(此处略去照片),是指弓步后两脚跟碾地,向后旋转至身体面对后方,形成虚灵步。此后,按照虚步→弓步→寸步→虚步……的动作反复练习。

收功时,在弓步后将后脚向前脚靠拢,运行丹田功。气沉丹田,调整呼吸,稳定气息。

熊行步　正面

熊行步通过Z字形斜向前进，可以从对手的侧方（从对手的内侧到外侧，或者从对手的外侧到内侧）进入对手的中心，破坏对方的重心，也可以同时对付多人。

从展身转为寸步时，胸口内含，丹田翻滚。

弓步

寸步

● 寒鸡步

寒鸡步的名称分类

寒鸡步可以细分为三类，单脚站立后原地不断变化支撑脚的"站鸡步"、可以前进的"踩鸡步"和低于膝盖快速前进的"溜鸡步"。

名称的由来及意义

在寒冷的冬天，鸡为了防止身体受冷，会单脚站立。当一只脚变冷时，转换为另一只脚站立。寒鸡步与上述动作类似，由此得名。

束身的同时，提膝到腹部，脚与膝合，才能稳定平衡。通过提膝，单脚站立，可以提高下盘稳固的安定性。寒鸡步是腰腿劲的基础，在戴氏心意拳的步法中是与虎步齐名的基本功，需要高度重视并将其练好。

动作要领

动作轻灵，随着动作的熟练，落脚时不发出任何声音，束身前进，形态上类似于猫捉老鼠。两胯裹劲，两腿并拢后用剪子股迈步。

动作说明

动作 1　六合势　　　　动作 2　提膝　　　　动作 3　落步

上半身保持蹲猴势，提膝。　　　上半身保持蹲猴势，落步踩扑前进。

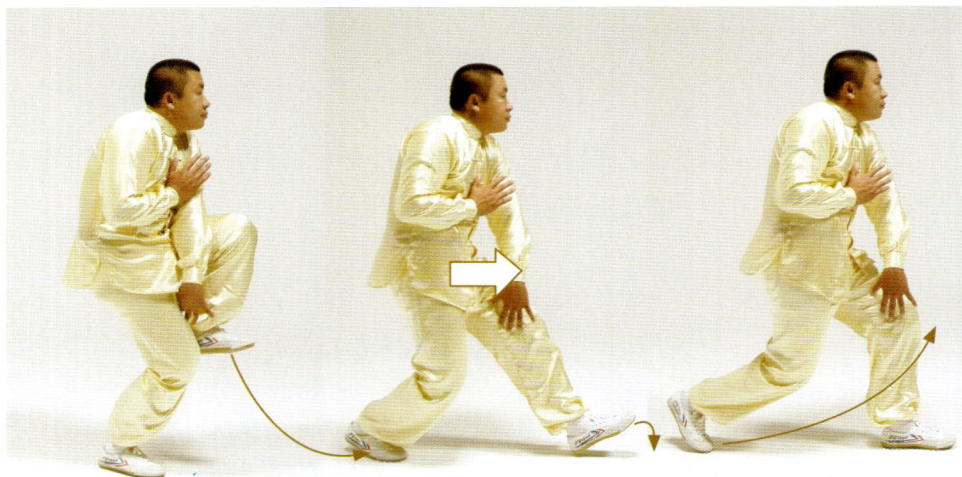

动作 4　提膝

　　上半身保持束身状，
落步。

动作 5　落步

动作 6　前进

　　保持原状，通过向前移动重心而前进。

动作 7　提膝

　　动作7完成以后、不断
重复动作3~动作7并向前进。

要领　蹲猴势需要保持平衡状态，无须发力。

　　提膝时，大腿提高到与地面保持水平的高
度。（动作2、动作4）

　　落步前进时，运用丹田催动胯，胯催动膝，
膝催动脚，拳谱有云"手从怀中出，脚从肚
里蹬"，这样将丹田的劲力通过三催传达到
脚上。

　　随着动作的熟练，落步时不能发出声音。
（动作5、动作6）

　　重心不能上浮或下降，保持稳定平衡的姿势
前进。

　　脚尖需要一直向着前方。（一字步）

用法　提膝直奔对方裆部顶出。

　　落步，发出踩扑劲，将对方发出。

　　脚尖踢向对手的小腿，脚底踩踏对手。

转身法

动作 1

寒鸡步动作7完成后,放下右脚,脚尖向外(摆步),左手向左上方划一弧线。

动作 2

左手向右肩画弧线收回,同时右手沿胸口向下至裆部。左脚上步,脚尖着地。

动作 3

左脚脚尖着地后,后脚脚跟着地,使重心落在后脚上,束身。同时,提右膝。

动作 4

完成转身动作,右脚落步。

动作 5

继续做寒鸡步。

要领　动作1~动作4需要连贯运行。

练习动作4时,要二目平视、气沉丹田,身体保持稳定平衡。

动作要舒展、轻巧地运行。

转换法——从左前转换到右前

在练习寒鸡步的过程中，可进行左右方向上的转换。

转换可随时进行。

动作1~动作5是左前向右前的转换法，动作6~动作8是右前向左前的转换法。

有两种转换方法，一种是原地转换法，另一种是边走边转换法。

另外，也可以左前向前走一段后再转换为右前，在行走过程中进行多次转换。

动作 1   动作 2

右手顺着胸部及腹部以下至裆部，左手画弧线向上抬起，左脚落步。

动作 3   动作 4   动作 5

转换法——从右前转换到左前

动作6   动作7   动作8

左手沿胸腹往下摩擦到裆部，手臂微曲，曲而未曲，展而未展，五指展开。

保护自己中心的同时攻击对手的中心，打中有顾，顾中有打，即打顾结合。右手画弧线向上抬起，落至左肩。右脚落步，左脚提膝。

练习时，需要注意重心不能上浮或者跳动。

用法

左行左，右行右。因敌变化示神奇，根据对手的变化，进行寒鸡步的转换。

心意拳四句要诀

步步不离鸡步，势势不离丹田。

招招不离鹰捉，把把不离虎扑。

拳无拳来意无意，无意之中是真意。

王映海口传

　　在我们学拳的那个年代，需要先练习身法（蹲猴势）三年、步法两年后才开始练习技法。丹是浓缩的精华，田就是地，丹田就是产生精华（丹）的地方，也就是气海，储存气的地方。现在如果和以前一样，练习三年身法、两年步法，一定也能练得很好。

解说　丹田功可以培养丹田，锻炼出由丹田向周身爆发的劲力，步法也是通过丹田带动产生巨大的劲力。

　　两者均是戴氏心意拳中各种技法的基础。由于动作都非常简单，因此对于初学者来说，"需要练习身法3年、步法2年"像是古书里的一句趣闻。另外，对于现代人来说，在初学的几年里，学习身法及步法的同时也在学习技法，但是对于各种武术来说，身法和步法都是基础中的基础。练拳者需要充分认识身法和步法的重要性之后再开始练拳。

● 寒鸡步的劲力解析

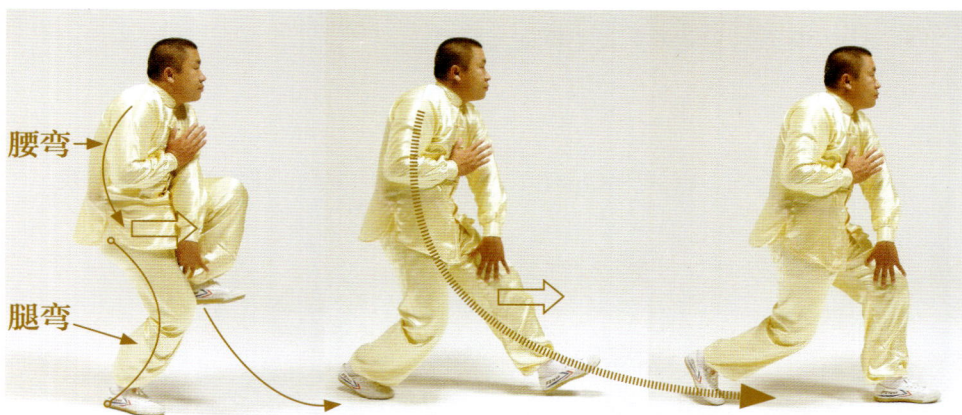

腰弯

腿弯

寒鸡步中的束、钻、抖、撅、刹

束，束身一也。钻，伸也。抖，横也。撅，顺也。刹，阻也。

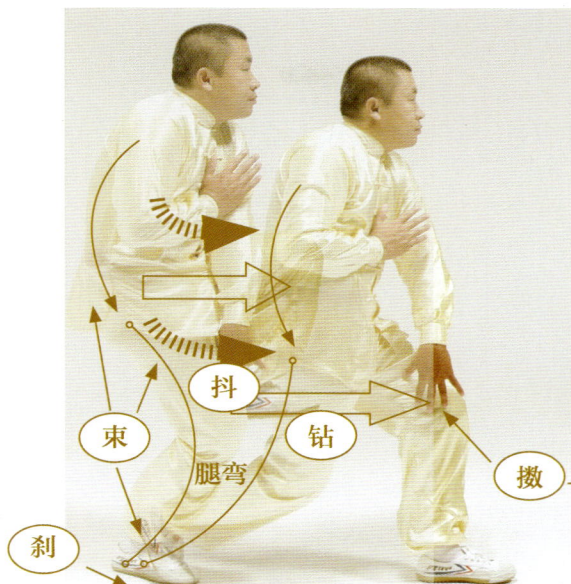

弯腿（腿部呈弓状）时，通过束身使其弯曲蓄劲，再通过展身得以爆发（抖）。通过剪子股使劲力向前集中（攒），从而向前发送劲力。

裹胯，脚与膝合，产生夹剪劲。

劲力的构造与虎步一样，但是收束后的劲力巨大，对劲力培养具有很大的作用。

"休息"的意义与方法

戴氏心意拳是一种内家拳，所有身体的动作都由意识引导。通过使用自身的意识、自然意识、朝向对手的意识等脑意识练拳。

大脑疲劳后会很难将注意力集中起来。只有通过休息，方可使大脑得以恢复，从而重新展现良好的状态来练拳。

休息

①练拳时，感觉到疲惫就应该休息。

②不要受到次数、负荷量或者与他人关系的影响，通过提高自身感觉的敏锐度，适时地调整必要的练拳量。

方法

①练拳、收功、沉气。

②缓慢地在周围走动（即王映海所说练一会儿，流动流动。）

③通过安静地休息等方式来调整心情。

2 产生劲力的条件之二 "三节"

● 何为三节

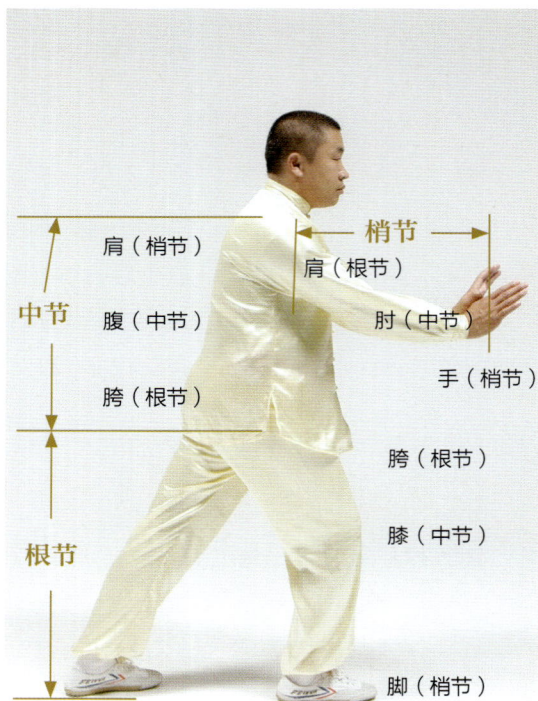

肩（梢节）
中节
腹（中节）
胯（根节）
根节

梢节
肩（根节）
肘（中节）
手（梢节）
胯（根节）
膝（中节）
脚（梢节）

岳武穆九要论之三

三节

夫气本诸身，而身之节无定处。

三节者，上、中、下也。

按吾人之三节，

手为梢节，肘为中节，

肩为根节，此梢节之三节也。

肩为梢节，腹为中节，胯为根节，

此中节之三节也。

足为梢节，膝为中节，胯为根节，

此根节之三节也。

解说 岳武穆九要论由一"气"、二"阴阳"、三"三节"、四"四梢"、五"五行"、六"六合"、七"进法"、八"身法"、九"步法"构成，可以说其内容已经概括了戴氏心意拳的核心部分。这里引用的是其中的"三节"部分。

夫气本诸身，而身之节无定处，《管子》提到："凡物之精，此则为生。下生五谷，上为列星。流于天地之间，谓之鬼神，藏于胸中，谓之圣人。"由此认为气在凝缩之后方可成为物质。身体亦是由气凝集而成，因此身体内也有气在流淌，即使存在很多关节，气也可以不中断地流淌。

● 三节的妙用

此三节之妙用，不外起、随、追而已。

根节催，中节随，梢节追。

所谓追随者何也？

盖因吾人之力发于根，而始出于梢，

即由根节渐次催至梢节是也。

催即随而不滞，追而直进之意。

故手之力，肩催肘，肘催手。

（丹田催胸，胸催膀，膀催肘，肘催手。）

足之力，胯催膝，膝催脚。

（丹田催胯，胯催膝，膝催脚。）

肩（膀）之力，胯催腹，腹催肩。

但力催至梢节，手脚之指非大炸其力，不易出至三节之中。

以胯之一节为最要，诚以胯为根中二节之根，故不可轻视。

俗云："万法胯为根。"

亦此意也。

解说　人体根节（脚）的箭头虽然用反箭头表示，但是力的作用与反作用是相互的，因此并不矛盾。由丹田向脚部所发送的劲力，可以通过反作用力从地面产生劲力，并向上发送至中节、梢节。

○"局部力"的例子

所谓"局部力"是指不利用步法或者身体的力量，仅仅使用手力打拳、投掷、使用关节技术等。

○"局部力"的缺点

①因为仅仅是局部力量，所以无法产生巨大的力量。

②因为仅仅是局部的动作，所以容易被对手察觉动作去向，容易被对手防范。

打拳图

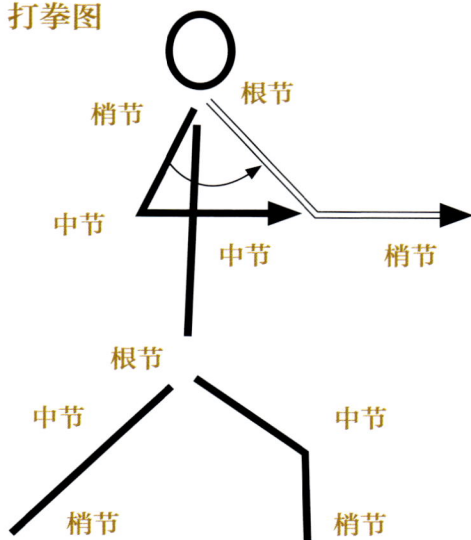

"局部力"的原因

①步法与身法停止运行，只使用手部打拳。

②虽然使用步法及身法，但是未能与手法协调一致，用法凌乱。

摆脱"局部力"

在日常生活中，通常的动作仅仅是利用手部来完成，未能与其他动作协调一致。

因此，从"局部力"升华为"整体力"，从"拙力"升华为"劲力"，需要认真地学习相应的方法。

● 三节的作用

学技者于三节之理果能明晓，则长短曲直，参差俯仰之病可以去矣。

苟一节之不明，则非全乎。

盖上三节不明，易中人之擒拿，中三节不明，浑身是空，下三节不明，恐中人之盘跌。

故必先明乎此，然后六合之艺可学至上乘也。

内中所言上节，梢节是也，下节，根节是也。

人之全身，自顶自足，莫不有三节也。

要之，若无三节之所，即无着意之要。

盖上节不明，无依无宗。

中节不明，浑身是空。

下节不明，动辄跌倾。

顾可忽乎哉。

故气有所发，则梢节动，中节随，根节催。

解说 身法（中节）不明，浑身是空。步法（根节）不明，白伸七十二盘擒拿腿。梢节不明，白伸七十二盘擒拿手。

只有三节分明，才能形成整体力。

● 三节合一

然此乃按节分言者，若合而言之，则上至头顶，

下至足底，四体百骸，总为一节。

夫向三节之有，又何各有三节之足与手。

三节既明，而内劲发动之脉络即可知矣。

盖指之力源于掌，掌之力源于掌根，故掌根催掌，掌催指而劲乃出。

手之力源于肘，肘之力源于肩，故肩催肘，肘催手，而劲乃行。

足之力源于膝，膝之力源于胯，故胯催膝，膝催足，而劲乃通。

然肩胯之劲源于身，身之劲源于丹田，故丹田为内劲之总渊源也。

至于丹田之有劲，与无，在气之贯与不贯，果能气贯丹田，则劲足。

其他各节之劲，均能催而出也。

至于催劲之法，即某节用劲，而心意之间即由丹田贯气，循其脉络至某节是也。

至气之贯丹田也，亦是将呼吸之气，心意间走到丹田。

3　身法和步法要义

● 戴氏心意拳要义解析

步法诀

看正却是斜，看斜却是正，

一直而妙也，技臻绝顶，

而足弓反涨，背项强直穷身而入，妙也。

步在直进时，或快或慢或隐或现，

或以心理支派。

解说 身体转向正面称之为"正"，而转向斜面或横面则称之为"斜"。身体动作不论是
正面转还是斜面转，都将化为一体向前进攻。另外，正中有斜，
斜中有正。如步在斜行时，上半身还是保持正向，反之
同理。"斜正"在复杂纠缠的同时又融为一体。
穷身，祁县方言，弯曲身体的意思。

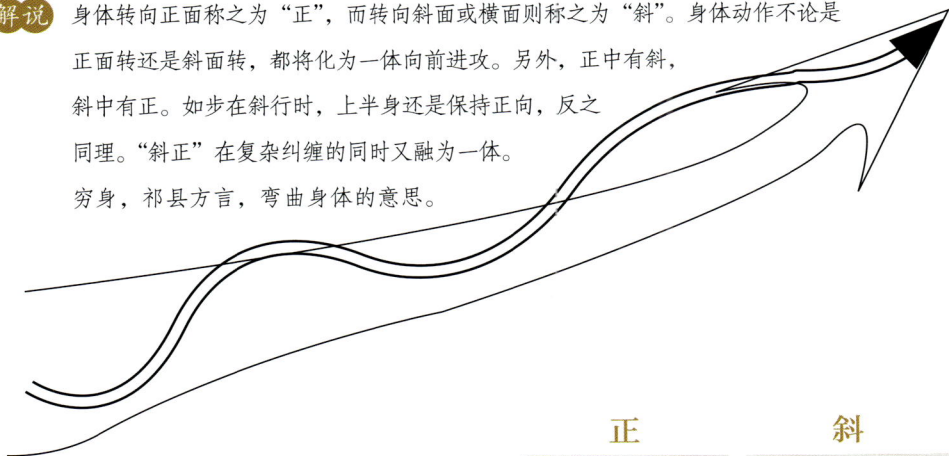

　　起前脚带后脚平飞而去，步步行
动剪子股，步步不离寸步，逆时急返
进，绝不定招，瞬息万变，不离不碰，
人刚己柔，随人转动，后发先用。

　　守内存人，拳法统人，以气击人，
以艺引动，步够尺寸，以意取人，注重
实践，上、中、下三路战术急时撅，直
熟至随心应手足。

解说 当全身随机应变时，须冷静应对，
表现为处处调整动作。

正

面向正面

斜

身体旋转，面向斜面

而十三处乱用之，不够尺寸急寸，常守一个静字，常练一个圆字，急抢圆球，即顶碰时急守站中央，注意阴阳吐纳。

解说 "十三处"指头、两肩、两肘、两手、两胯、两膝、两足，即全身。

束、钻、抖、撅、刹，反前顾后，反左顾右，踩、扑、裹、舒、绝，无绝之不绝也，

踩亦绝，扑亦绝，裹亦绝，舒亦绝，绝之绝，而无所不绝，有巧手，有妙手，而没有绝手。

勇、猛、短、毒、疾、狠，左旋右转，快励、伶俐五行四梢齐俱。

脚起而翻，脚落而钻，钻而锉，锉而抓，抓而钉，钉而涨，足弓反涨，背项强直，穷身而入，妙也。

行如槐虫，起如挑担，步步行动剪子股，进步行似卷地风，一直而妙也。

头顶而钻，头束而翻，手起而钻，手落而翻，足起而钻，足落而翻，腰起而钻，腰落而翻。

起横不见横，落顺不见顺。

起是去也，落是打也，起亦打落亦打，起落二字如水中之翻浪是起落也。

无论如何起落、钻翻都不脱离两肘不离肋、两手不离心、出洞入洞紧随身。

此谓心意拳之要义是也。

● 束钻抖撅刹的发劲力学

束—束身一也。

钻—钻即伸也。

抖—抖即横也。

撅—撅即顺也。

刹—刹即阻也。

束——束身

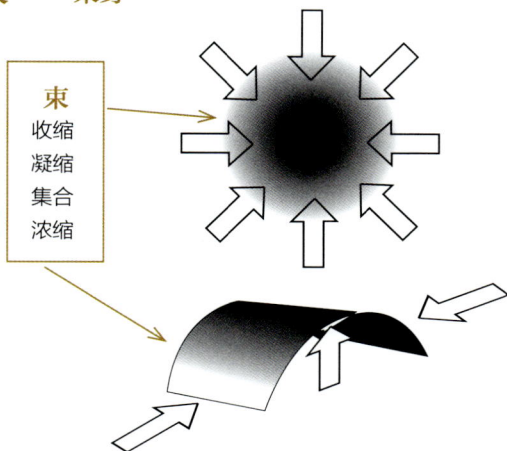

束，指收缩、凝缩、集合、浓缩、压缩，含有积蓄巨大力量之意。

如弓般压缩，积蓄力量。（张力）

抖——抖即横也

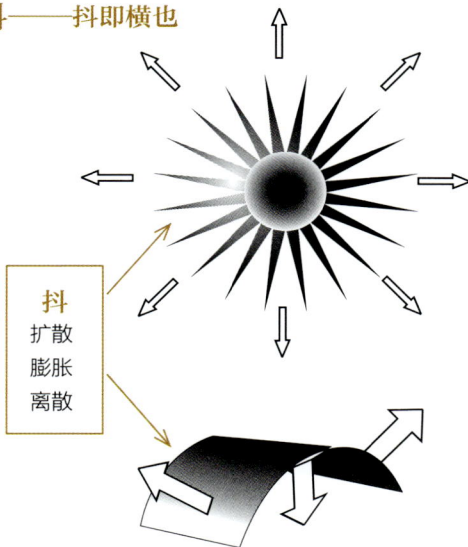

凝缩之力，如同决堤，大力爆发

爆发力

凝缩之力展开之后可发生巨大威力，并向四周蔓延。

如弓般伸张，是指恢复原本形态的力量发生作用，并产生反弹。（反张力）

束和钻的关系

束和钻是指阴阳对立、互根、交感、消长之意。束是指从外到内之力，钻是指从内到外之力，有束才有钻。

"束"和"钻、抖、擞、刹"的关系

"束"是指束身积攒巨大力量，从四面八方蓄劲。"钻"是展身发力的过程，"抖、擞"则是爆发力的终点，沾敌身的瞬间爆发力量。

刹——刹即阻也

刹有阻止、固定
之意，爆发力发
出后的终结。

刹

抖

撖——撖即顺也

撖

撖是指瞄准目标，集中
全力进攻一定方向。

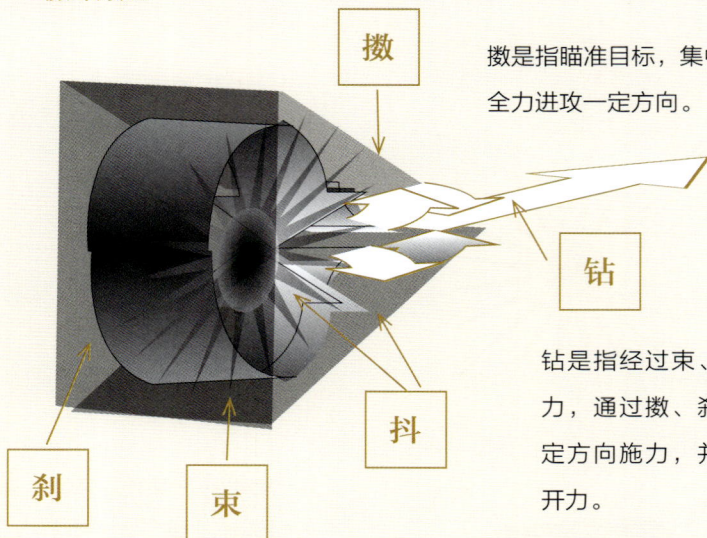

钻

钻是指经过束、抖后的爆发
力，通过撖、刹，集中向一
定方向施力，并进一步伸展
开力。

抖

刹

束

钻——钻即伸也

以拉弓射箭说明束钻抖撖刹

止弓（固定）	【刹】
力蓄弓弦	【束】
开弓和拉回弓	【抖】
朝目标放箭	【撖】
集力弹出	【钻】

解说 束是指通过束缚、固定积蓄劲力，就像张弓蓄力。

将已张开之弓恢复其原样所需的力称为抖。抖是指凝缩之力的爆发力，也指向四面八方作用之力。

刹是指阻止因向四面八方作用而产生爆发力的巨大力量，攒则是指将这种巨大力量集中到一定方向。发劲是指通过掌、拳、肘、肩、足、膝等各个部位来技击，并发出集中于该部位的劲力。

发力源头若无法固定在一定场所中，则导致劲句四周散去，其中的固定场所、支点则称为刹。

攒是指向一定方向发出劲力，钻则是指通过集中抖之劲力进一步展开发力。

● 束钻抖攒刹的步法体现

踩 扑 裹 舒 绝

踩，踩者如踩毒物也。

扑，扑者如兔虎之扑物也。

裹，裹者如包裹而不露也。

舒，舒者舒展其力也。

绝，绝者绝裂心肠也。

踩亦绝、扑亦绝、裹亦绝、舒亦绝、绝之绝而无所不绝，有巧手，有妙手，而没有绝手。

勇、猛、短、毒、疾、狠

　　勇：勇敢、果敢。猛：勇猛、凶猛、猛烈。短：短的、简洁。毒：恶毒。疾：快速。狠：冷酷。

工、顺、勇、疾、狠、真

　　工，巧妙。顺，自然。勇，果断。疾，紧快。狠，毫不留情。真，人因真而难以改变。

"勇、猛、短、毒、疾、狠""工、顺、勇、疾、狠、真"和"束、钻、抖、攒、刹""踩、扑、裹、舒、绝"的关系

束　抖　钻　刹

涨　钉　抓

扑劲　　踩劲　　舒劲

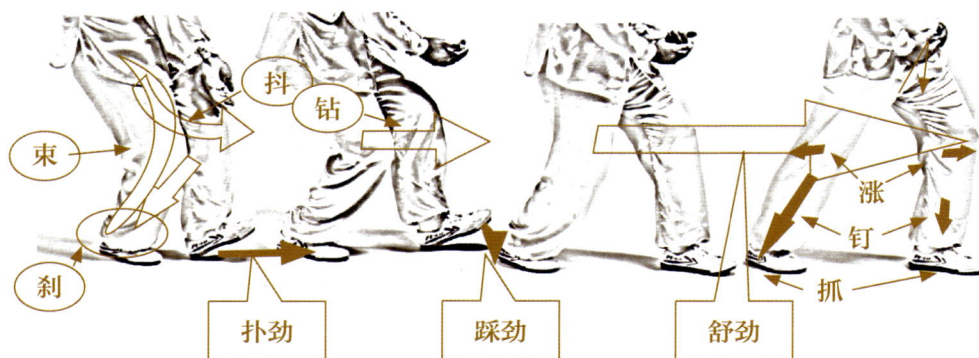

钻而锉，锉而抓，抓而钉，钉而涨

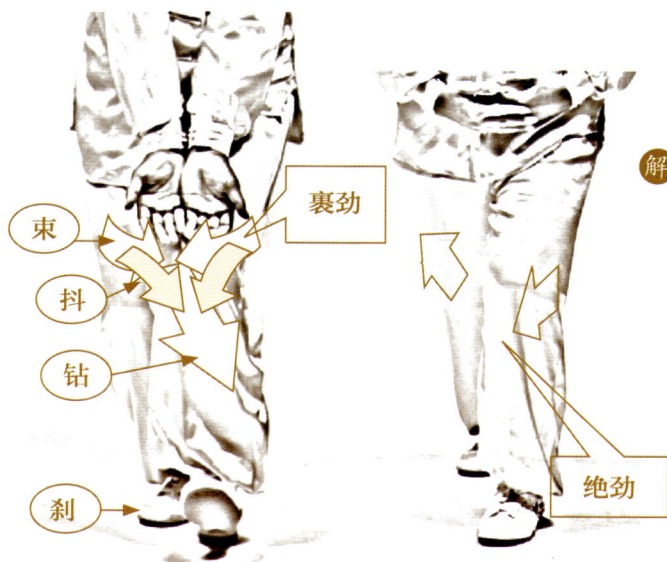

束　抖　钻　裹劲　刹

绝劲

解说 "踩扑裹舒绝"中也有"束钻抖撒刹"。通过虚灵步后腿如弓"束"身蓄劲，后脚"钉劲"，前脚落地瞬间，产生"抖""撒"力，身体定住即为"刹"。

后腿如弓、前腿似箭

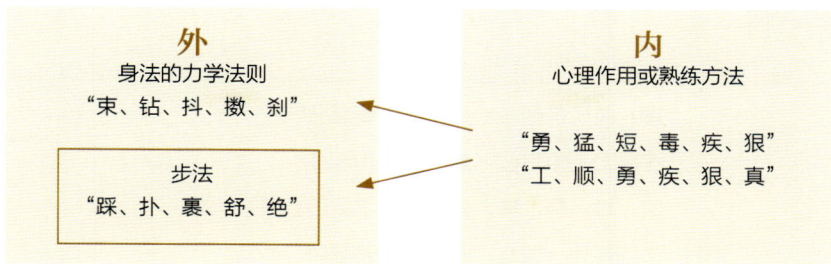

外	内
身法的力学法则	心理作用或熟练方法
"束、钻、抖、撅、刹"	
	"勇、猛、短、毒、疾、狠"
步法	"工、顺、勇、疾、狠、真"
"踩、扑、裹、舒、绝"	

"踩、扑、裹、舒、绝"是身法带动步法爆发劲力的要义。

"束、钻、抖、撅、刹"是通过身法体现的力学法则。

"勇、猛、短、毒、疾、狠"存在于"踩、扑、裹、舒、绝""束、钻、抖、撅、杀"之中，具有强化心理的作用。

"中心""弓""圆"是产生劲力的代表

三心：顶心（百会）、手心（劳宫）、脚心（涌泉）

三弯：肘弯、腰弯、腿弯

三圆：胸圆、背圆、虎口圆

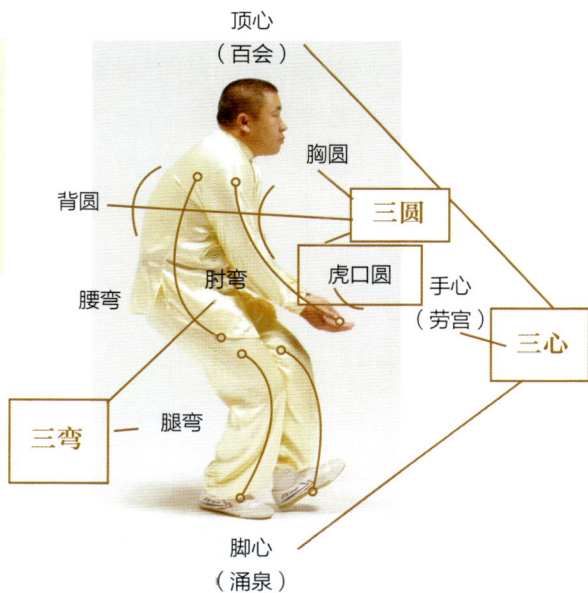

内外相见合一家

震龙兑虎各西东，朱雀元武南北分，

戊己二土中宫位，意为谋引相配成。

眼、耳、口、鼻、外五行，手足四梢并顶心，

久练内外一气成，迅雷电雨起暴风，

拳无拳来意无意，无意之中是真意。

内外一致

久练内外一气成，迅雷电雨起暴风，

拳无拳来意无意，无意之中是真意。

丹田久练灵根本，近在眼前一寸中。

养灵根而静心者，是修道也，

养灵根而动心者，是武艺也；

固灵根而动心者，是敌将也。

动则为武艺，静则为道也。

解说 所谓"灵根"，是指千变万化之根本，即所养丹田。

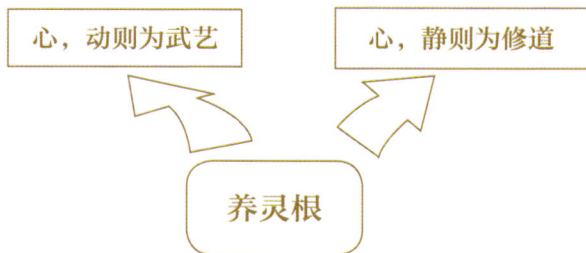

心，动则为武艺　　心，静则为修道

养灵根

步法和身法

足弓反涨，
背项强直，
穷身而入妙也

解说 足呈弓形，不弹反涨。劲力不仅运往前足，也运到上半身，并且步法和身法相融合。

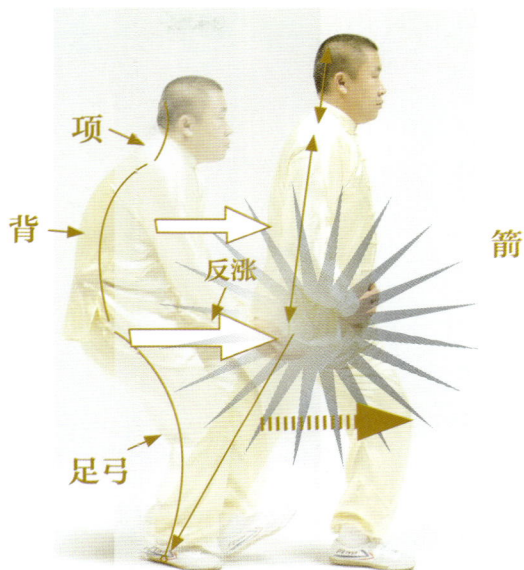

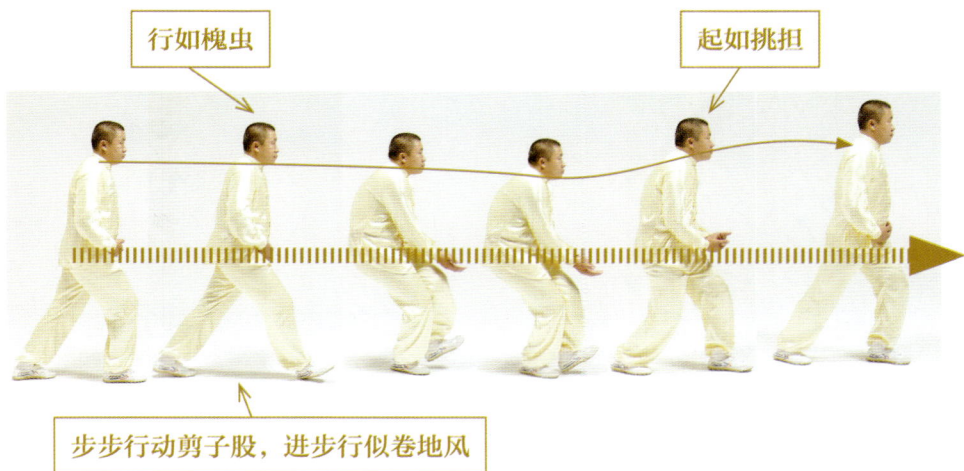

项
背
反涨
箭
足弓

行如槐虫

起如挑担

步步行动剪子股，进步行似卷地风

行如槐虫，起如挑担，步步行动剪子股，进步行似卷地风，一直而妙也。

解说 直线的动作容易被对手察觉。拳谱要求"看正却是斜，看斜却是正"，纵向的"起落"和横向的"斜正"存在着精妙的直线劲力，所以会形成很难让对手防御的强大劲力。

起落
斜正

头顶而钻，头束而翻。手起而钻，手落而翻。
足起而钻，足落而翻。腰起而钻，腰落而翻。

解说 钻是指"束、钻、抖、撅、刹"中的钻，从翻转到钻的过程中，必须有"束、钻、抖、撅、刹""踩、扑、裹、舒、绝""勇、猛、短、毒、疾、狠"和"工、顺、勇、疾、狠、真"。

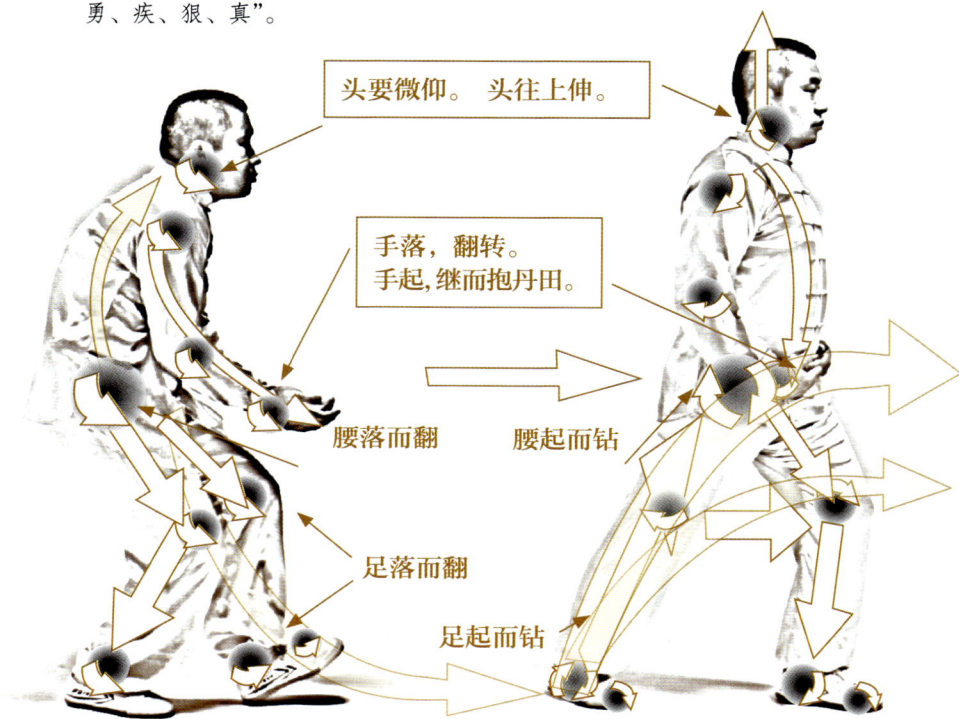

头要微仰。 头往上伸。

手落，翻转。
手起，继而抱丹田。

腰落而翻　腰起而钻

足落而翻

足起而钻

起横不见横，落顺不见顺。
起是去也，落是打也，起亦打落亦打，起落二字如水中之翻浪是起落也。

解说 "起横不见横，落顺不见顺"，讲的是无论是横向还是纵向，其方向和力的强度都不会暴露给对方。
将隐蔽而看不见的力比作"起落二字如水中之翻浪是起落也"，可见并非指表面所见之波浪，而是指水中翻腾之波浪。

看不见的动作、看不见的力

起横不见横，落顺不见顺。
起落二字如水中之翻浪是起落也。

解说 "起落"，从狭义上讲，起是向上的力，落是向下的力；从广义上讲，是指不显示其方向性，起是指起力，落是指力的目的地、抵达点。而"起是去也，落是打也"，则是指后者之意。

如水中翻滚之波浪，看不见力的起势和方向。

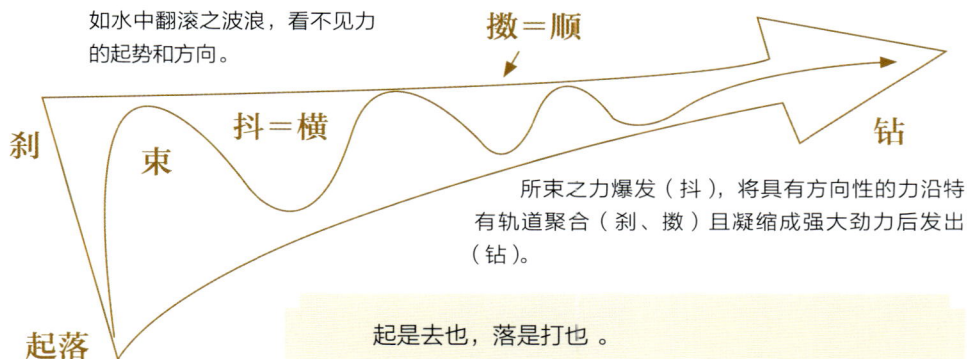

撅＝顺

抖＝横

刹

束

钻

起落

所束之力爆发（抖），将具有方向性的力沿特有轨道聚合（刹、撅）且凝缩成强大劲力后发出（钻）。

起是去也，落是打也。

起 起力 落 力的目的地

手居中心

两肘不离肋

无论如何，
起落、钻翻都不脱离两肘不离肋、
两手不离心，
此谓心意拳之要义是也。

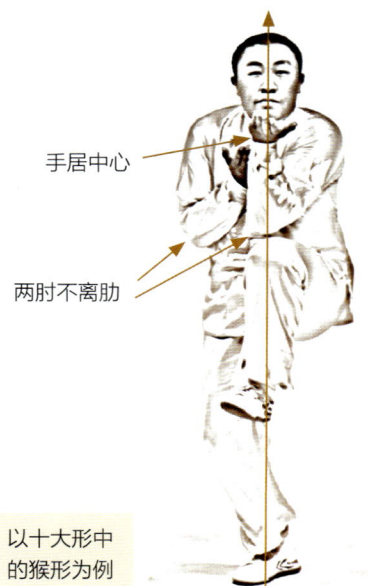

以十大形中的猴形为例

手法

1 手法的基础

● 摘要

　　手法源于身法和步法的修炼，首先要从单纯且简单的动作学起，熟练之后再进一步学习复杂且高难度的动作。无论学习何种手法，都离不开丹田功中的身法和步法。

　　丹田功的含义：丹是浓缩的精华，田就是"地"的意思，丹田功即通过这块地滋养出精华内气。狭义的丹田功就是蹲丹田（也叫蹲猴式，祁县方言也叫蹲猴猴），广义的丹田功是指戴家心意拳的任何手法和步法都是通过身法驱动的。

　　身法（蹲丹田）能够起到阴阳转换的作用，缩（横向）束（纵向）蓄劲，展（纵向）涨（横向）发劲，练出丹田的爆发力。要领是身体形成一张大弓，含胸抱肩形成小弓，裹胯形成小弓，大弓是纵向的力量，小弓是横向的力量。横向与纵向一起形成了四面八方的力量。拳谱有云："身法不明，浑身是空。"

　　步法（搬丹田）在身法的基础上丹田催胯，胯催膝，膝催脚，把丹田的爆发力贯穿到脚上，驱动重心灵活变化。拳谱有云："步法不明，白伸七十二盘擒拿腿。"

　　手法，是在身法和步法的基础上，丹田催胸，胸催膀，膀催肘，肘催手，把丹田的爆发力贯穿到手上，形成手法的灵活变化。拳谱有云："手法不明，白伸七十二盘擒拿手。"

　　所有练习的要领是"以意领气，以气催劲，劲达四梢"，呼吸要领开始是内呼吸（正常呼吸，发劲时必须鼻吸口呼），到了高级程度练出体呼吸（毛孔呼吸），高层的爆发力需要配合体呼吸才能练成。

● 六合势

六合势是练习前的预备式，模仿佛教僧人诵唱"阿弥陀佛"时手的姿势，用在心意拳上，为左善手（防守）、右恶手（攻击）。

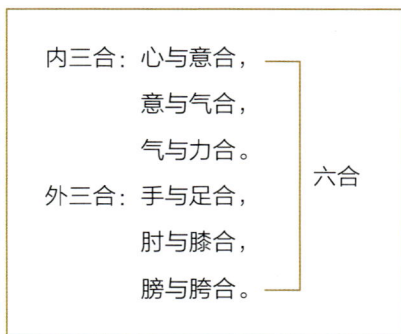

内三合：心与意合，
　　　　意与气合，
　　　　气与力合。　　　六合
外三合：手与足合，
　　　　肘与膝合，
　　　　膀与胯合。

王映海演示六合势。两掌垂于正中线前，左手为掌，右手握拳

内外三合相结合称之为六合。

所谓六合，是指周身协调统一。

拳谱

自古六合无双传，多少玄妙在其间。

设若妄传无义汉，招灾惹祸损寿年。

武艺都道无真经，任意变化势无穷。

岂知悟得婴儿玩，打法天下是真形。

2　基本手法

● 双把

双把的种类和意义

　　双把是两手同时发出的手法，包括丢把、搂把、抽把、乳把、水中按漂等技法。其中，丢把、搂把和抽把分别体现上中下三种劲。

　　抽把锻炼起劲（冲向前上方之力），丢把锻炼平推劲（直冲正前方之力），搂把锻炼落劲（冲向前下方之力），以丢把为主，应敌变化使用抽把和搂把。

　　戴氏心意拳强调学习手法必须与身法、步法相协调。双把没有复杂的吞吐，相对简单，所以初学时较易入门，是心意拳学习初期所教授的技法。

丢把

丢把

○ 丢把动作解析

动作 1　六合势

（1）六合势　　　　　　　　　　（动作1）

动作1　　六合势，束身、呈左虚灵步，右手手腕置于心窝之前，左手手腕置于胯骨之前，全身自然放松。

（2）引两手于腰侧　　　　　　　（动作2）

动作2　　上身微向右转，右掌向下、左掌向上翻转至两掌掌心向上，相互重叠落在一起，左掌在上，右掌在下，右掌指尖和左掌指骨根齐平，仿佛抱着一块石头，准备平丢出去。

要领　　肘不离肋、手不离心、全身放松、沉肩垂肘、三尖（鼻尖、膝尖、足尖）
　　　　对照、含胸拔背、收臀提肛、抱肩裹胯、二目平视。

动作2　引两手于身体之前　　　动作3　弓步展身双推　　　动作4　寸步、束身，准备
　　　　　　　　　　　　　　　　　　　　　　　　　　　　　　出击

（3）束身，准备出击　　　　　　　　　　　　　　（动作3、动作4）

动作3-4　　展身上步呈左弓步，同时两掌向前方平行推出（平推劲）。

要领　　两手腕与地面平行向前，腕略低于肘，下落呈弓形，两手掌放松直立，如
　　　　竹瓦般呈圆形，虎口张开，两手大拇指交叉结合。
　　　　沉肩垂肘、肘不离肋、气沉丹田。

内劲　　起于丹田，下方后脚蹬，前脚催，重心前移，丹田催胯，胯催膝，膝催脚
　　　　传导劲力。上方丹田催胸，胸催膀，膀催肘，肘催手传导劲力，一气呵
　　　　成，劲力贯穿周身。拳谱云："以意领气，以气催劲，劲达四梢。"每个动
　　　　作都应该做到以上要领，后面不再赘述。

（4）寸步到上步　　　　　　　　　　　　　　　（动作5、动作6）

动作5　向左束身，左脚向外侧张开，并寸步上步，同时迈右脚于左脚前呈右虚灵步。

要领　　①寸步，初学时不要迈步过大，可在原地外侧处张开，动作连贯，碎步向
　　　　前迈出。
　　　　②寸步同时束身（缩）呈虚灵步，要与拉回两手动作完全一致，其手法、
　　　　身法和步法相协调（六合）。

动作6 展身上步呈右弓步，同时两掌向前方平行推出（平推劲）。
要点 与第3步相同。

动作 5　寸步　　　　　　　　动作 6　上步

（5）用退步法、转身法持续练习

要领 ①初学时，在练到每个定式时停下来，确认动作是否正确。动作熟练之后，便可练习快动作和发劲动作。
②慢动作如慢慢品味般一边感悟一边练习动作。练习时需思考姿势和动作是否正确，重心位置是否妥当，身体的姿势和动作是否与意识相互配合，全身（浑身）动作是否协调（六合），等等。（内功培养）
③发劲动作并非蛮打，而是全身自然放松，身心投入似不出力般进行练习。即使放松，外形也不能呈软弱无力状。最终要练成"柔而不弱，刚而不僵，刚柔相济，虚实互用"。
④将身法与步法融合练习。身法、步法、手法同时开始，同时完成，相互协调。

要诀 身似弩弓，手如药箭。

解说 箭飞射而出的动力源自于弓。箭虽具有穿射一切的构造，却不具备飞行的能力。身体具有像弓一样的柔韧性，手具有灵巧攻击的技能。

搂把

动作 1 六合势   动作 2 束身起手

○ 搂把动作解析

（1）六合势姿势 （动作1）

动作1　六合势，束身呈左虚灵步，右手手腕置于心窝前，左手手腕置于胯裆之前。

要领　攻击前需持有如火山爆发前之寂静般的意识。

（2）束身起手 （动作2）

动作2　上身微向右转，右掌向下、左掌向上翻转至两掌掌心向上，相互重叠落在一起，左掌在上，右掌在下，右掌指尖和左掌指骨根齐平。

要领　肘不离肋，全身放松、沉肩垂肘、三尖对照（鼻尖、膝尖、足尖）。

（3）翻转与攻击 （动作3、动作4）

动作3-4　展身呈左弓步，同时两掌向内旋转上前，直至虎口与口同高（起劲，含挤劲）（动作3），然后向外旋转，同时下落至肚脐平行处（落劲，倒而未倒时），如向下前方画弧线般出击。

　　　　　拳谱曰："身落手起束中进，身起手落展中击。""起也打，落也打，起落二字如水中之翻浪。"

要领　两手持续画弧，所出手腕稍低于肘，手腕呈弓形。手掌放松直立，如竹瓦般呈圆形。虎口张开，两指大拇指根部交叉结合。

动作3　手向下翻转　　　　　动作4　攻击

沉肩垂肘、气沉丹田。

肘不离肋，全身放松、沉肩垂肘、三尖对照（鼻尖、膝尖、足尖）。

用法　　例一　面对对手的攻击，手腕上挂而下落。（挂、化）

例二　将对手的攻击向下挡开，同时趁对手为保持平衡而抬高重心之机，将自身动作转为攻击之势。（吞吐）

（4）寸步=>上步（虚灵步）

动作　　向左束身，左脚向外侧张开，并寸步上步，同时迈右脚于左脚前呈右虚灵步。左右手手腕抽力内旋，如划下弧线般引至胯骨位置。

用法　　例一　寸步抓住时机，上步踢向对手小腿。

例二　寸步、上步前进，通过束身手法摧毁对手的攻击。

例三　将对手攻击向下挡开，同时随着对手为保持平衡而抬高重心的动作，将自身动作转为攻击之势。（吞吐）

（5）攻击

动作　　同（3）。

沉肩垂肘（夹肘）、气沉丹田。

以上为搂把左式。以下动作5~动作8为搂把右式，动作4拳照所示既为搂把左式的终结式，又为搂把右式的起势。

搂把练习要领同丢把。

动作 5　虎步展身落手，翻手下落
攻击

动作 6　寸步，寸步撤手

动作 7　虚灵步束身起手

动作 8　虎步展身落手，落手出击

要诀 两肘不离肋，两手不离心，出洞入洞紧随身，
脚踏中门抢地位，就是神仙也难防。

用法 不停地躲闪开对手攻击，并转为连续攻击。

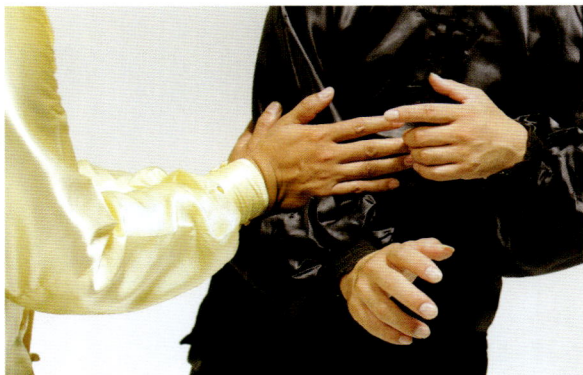

○ 搂把正面图

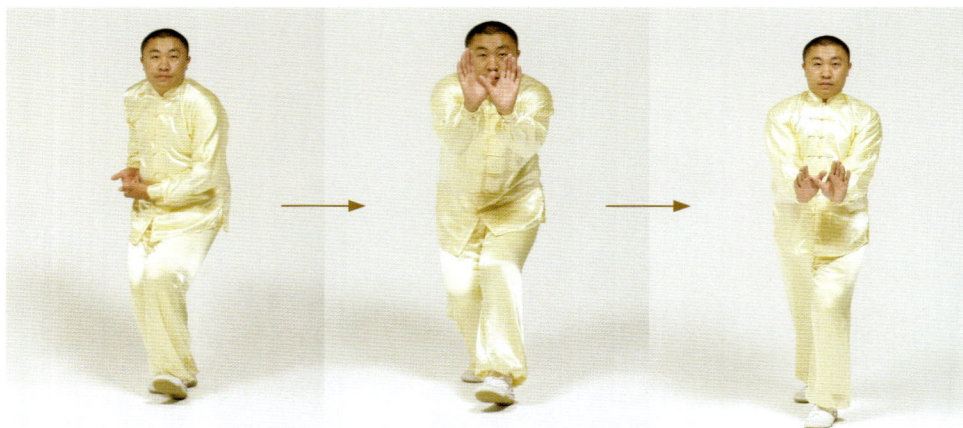

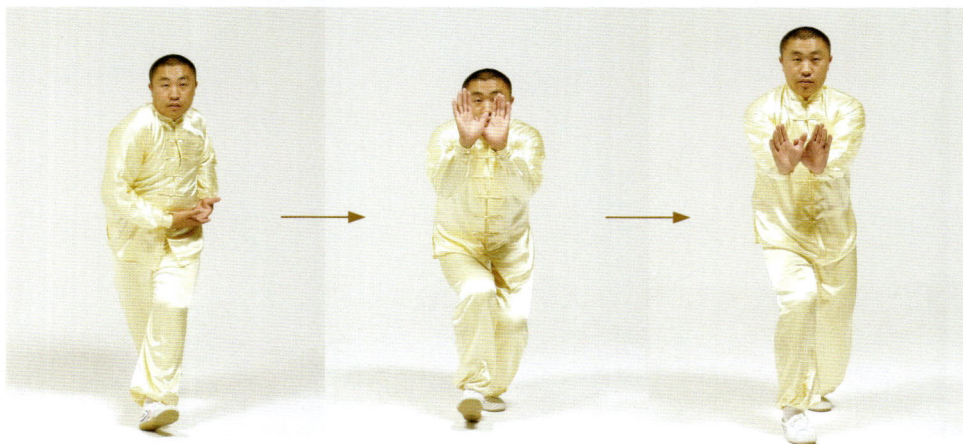

抽把

○ 抽把分解动作

（1）六合势姿势 （动作1）

动作1　六合势，束身呈左虚灵步，右手手腕置于心窝前，左手手腕置于胯裆之前。

要领　攻击前需持有如火山爆发前般寂静的意识。

动作 1　　　　　　　　　动作 2

（2）两手引至腰侧 （动作2）

动作2　上身微向右转，右掌向下、左掌向上翻转至两掌掌心向上，相互重叠落在一起，左掌在上，右掌在下，右掌指尖和左掌指骨根齐平。

要领　肘不离肋，全身放松、沉肩垂肘、三尖对照（鼻尖、膝尖、足尖）。

（3）攻击 （动作3~动作5）

动作3-5　展身呈左弓步，同时两掌向外旋转，向前方与地面平行位置推出，向前上方画弧出击。（起）

要领　①两手画弧线的动作，自然连贯，持续不停。所出手腕略低于肘，下落呈弓形。手掌放松直立，如竹瓦般呈圆形，虎口张开，两手大拇指根部交叉结合。

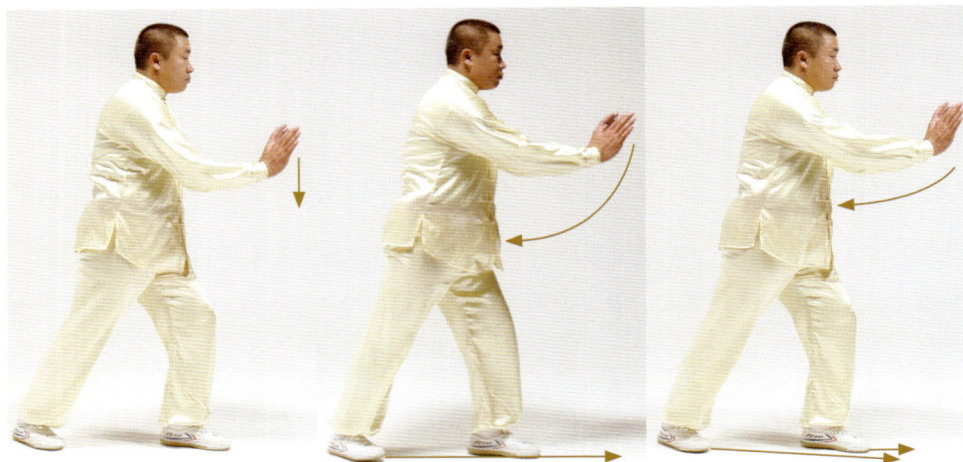

动作 3   动作 4   动作 5

②沉肩垂肘、肘不离肋、气沉丹田。

③抽把的要领是在丢把的基础上加上起劲。

用法　　例一　用双手打向对手胸腹部位置。手法配合身法动作，步法要前脚踩到对手的后脚处，拳谱云："脚踏中门抢地位，就是神仙也难防。"

例二　配合对手提高重心恢复动作，进一步用动摇对手重心之手法引导、出击（起、吞吐）。

例三　双手出击，同时前腿弓步攻击对手小腿（暗腿）。

（4）寸步=>上步（虚灵步）　　　　　　　　（动作6、动作7）

动作6-7　　左脚向外侧张开，身体缓慢（缩）移动寸步，然后迈右脚于左脚之前（上步）呈右虚灵步。左右手手腕抽力内旋，并引至腰骨位置。

用法　　例一　寸步抓住时机，上步踢向对手小腿。

例二　寸步、上步前进，同时通过束身手法摧毁对手的平衡，并使之无力化开。

例三　将对手的攻击向左挡开，同时趁对手为保持平衡而抬高重心之机，将自身动作转为攻击之势（吞吐）。

（5）攻击　　　　　　　　　　　　　　　　　（动作8）

动作8　　展身呈右虎步，同时两掌向前方与地面平行位置推出，使之向外旋转，

动作 6   动作 7   动作 8

动作 9   动作 10   动作 11

并向斜上方画半圆弧形出击（起）。

要领　①两手画弧线的动作，呈直线轨道自然连贯，连续不停。所出手腕略低于肘，下落呈弓形。手掌放松直立，如竹瓦般呈圆形，虎口张开，并将大拇指根部在左前、右后处重合。

　　　　②沉肩垂肘（挟肘）、气沉丹田。

　　　　③丹田之气经肩、肘、手腕抵达指尖。

用法　例一　双手打向对手腹部、肋部的斜上方位置。手法配合身法、步法。

跨入中门有向前进入胯间和从斜外侧进入两种方法。

例二　配合对手提高重心恢复动作，进一步用动摇对手重心之手法引导、出击（起、吞吐）。

例三　双手出击，同时使用虎步攻击对手小腿（暗腿）。

动作8为抽把右式终结式，自动作9至动作11转换为抽把左式。

抽把是在丢把遇到阻力时，变化为起劲催倒对方。但丢把所经过的轨道，并非刻意直接向上方画圆弧，而是根据对手变化加上起劲从而自然改变方向。

要诀　平丢、上起、下落、背合挤劲。

● 拨浪鼓手

拨浪鼓手，祁县方言发音为"不来顾手"。

拨浪鼓手

○ 拨浪鼓手分解动作

（1）六合势姿势　　　　　　　　　　　　　　　　（动作1）

动作　六合势，束身呈左虚灵步，右手手腕置于心窝前，左手手腕置于胯裆之前。

要领　攻击前需精神内守，如火山爆发前般寂静。

（2）两手引至身体前（右虚步）　　　　　　　　（动作2、动作3）

动作　继六合势之后，左虚灵步前进，右脚上步呈右虚步，同时左掌变拳，向前

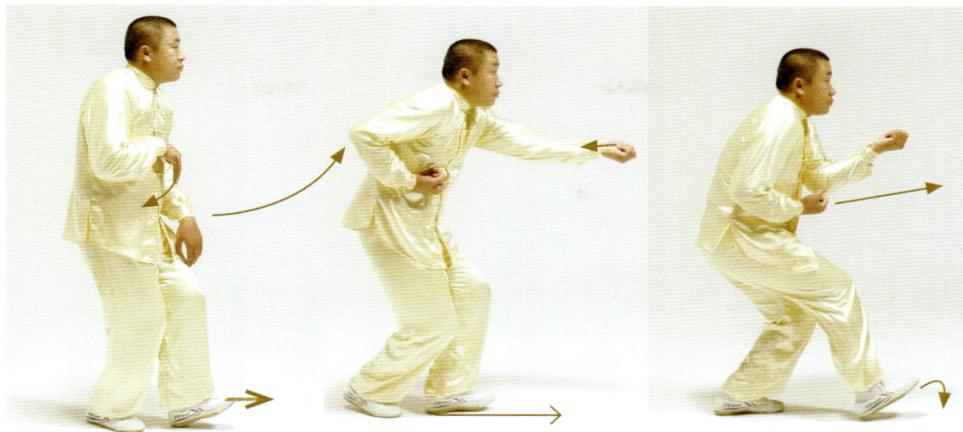

<table>
<tr><td>动作 1 六合势</td><td>动作 2 左寸步、左拳稍向
外侧旋转，螺旋式前伸</td><td>动作 3 右上步，呈虚灵步，
左右两拳一前伸一后拉，对拉吞吐
相摩而动，形成阴阳之势</td></tr>
</table>

方画弧，并使之向外旋转拳面向上，摆出面向腹部左前位置稍微偏上的姿势。右手变拳向外旋转拳面向上，置于肚脐右侧。

要点　身体转向正面（正体）束身，右肘不离肋，右肘配合左膝（外三合）。

全身放松、沉肩垂肘、三尖对照（鼻尖、膝尖、足尖）。

（3）攻击 （动作4）

动作　展身呈右弓步，斜身调膀，两拳对拉，右拳向内侧旋转与地面平行，向前方出击，左拳向内侧旋转，引回至肚脐左侧位置。

要点　两手对拉时，练法要求两手腕左右平行相错，一出一收，手腕稍低于肘，并呈弓形，其所出拳面倾斜，食指根节处正好攻击到对方。

沉肩垂肘、气沉丹田、全身放松。

意念　丹田催胸，胸催膀，膀催肘，肘催手。

（4）寸步=>上步（虚灵步） （动作5、动作6）

动作　右脚尖向外侧张开，束身，寸步，然后迈左脚于右脚之前（上步）呈左虚灵步。左右手手腕同时外旋，右拳稍向下方倾斜画弧线拉回，并将肘拉回至肚脐前约一拳距离处。左拳原地外旋，拳心朝斜上方。

要点　身法、步法、手法协调一致，可表现出"牵一发而动全身"的原理。

动作 4 展身、斜身调膀，右拳向内旋转，攻击前方

动作 5 束身（缩）、右寸步，右拳向外侧旋转向内裹劲

动作 6 束身、右拳向外侧旋转并引至右肘尖对着心口窝稍下方（心意拳称防点穴）

（5）出击 （动作7）

动作 同（3）。

重复动作2~动作7所示的动作。

退步法 （动作8~动作10）

动作 将弓步前脚上抬，脚尖下垂，脚心经过后腿膝盖内侧向后移动，脚尖先着地。同时两手外旋，左拳画弧线引回内侧，右拳原地外旋，拳心向上。

要领 抬脚，翻转丹田，腰部放松，膝盖上提，从脚后跟开始上提，脚尖呈垂直状，此乃表示三节。落步翻转丹田，回到动作2。

动作 7 展身同时左拳向内侧旋转，攻击前方

动作 8　　　　　　　　动作 9　　　　　　　　动作 10

○ 拨浪鼓手用法

　　拳谱云，"手有拨转之能（手脚法）"，两手旋转类似拨浪鼓的旋转劲，可化解来自对手的攻击，并将其转为有利于自身的形势。手作为身体梢节，需与步法、身法相协调，宜巧不宜拙。手法中包含挂、压、裹、领、化的不同劲法。

用法　**例一**　1. 用左拳挡开对手的右拳攻击，并用右拳攻击对手心口窝（防点穴）（图1~图3）。

　　2. 面对对手右拳的攻击，将对手手腕稍微上提，并向内侧旋转在左后方处挡开（吞），在对手保持平衡时转为攻击（吐）。（图4~图6）

"吞吐"中的吞和吐不间断，连续进行。

　　3. 出拳攻击，同时呈弓步，攻击对手小腿（暗腿）。

　　4. 出右拳挡开来自对手右拳的攻击，闪展步到对方右侧，攻击对手肋部，同时弓步右大腿可攻击对手右大腿外侧，将对手重心破坏（拔根）。

　　例二　1. 寸步前进抓住时机，上步踢向对手小腿。

图1

图 2

图 4

图 3

图 5

图 6

2. 当对手出左拳攻击时，寸步、上步前进，同时束身用右拳稍微上提对手左手手腕，用卷入的（吞）左拳攻击对手心窝。

3. 将对手的攻击向左挡开，同时趁对手为保持平衡而抬高重心之机，将自身动作转为攻击之势（吞吐）。

五行拳

1 阴阳五行和五行拳

● 阴阳五行说

融合

阴阳说是指，所有的事物、现象，并不是单独存在的，而是以"阴"和"阳"的相反的形式存在的（例如，明暗、天地、男女、善恶、吉凶等），其相互之间不断地此消彼长。五行说是指木、火、土、金、水这五种事物的本质要素相互关联。

春秋战国时期（公元前770年—公元前221年）阴阳说和五行说相互融合，形成了阴阳五行说，即五行说中有各种阴阳，阴阳消长的同时相互关联。

阴阳

阴阳的解释

阴阳哲学中所研究的是天地变化的道理、万物的运行法则、生命变化的规律、生命内部的生克制化、生命力之源。这五点是对《黄帝内经》中所描述的阴阳五行理论的概括。

（1）阴阳理论用于描述天地的生成和变化

古人认为，宇宙混沌之后，清阳上浮为天，浊阴下沉为地。在《黄帝内经·素问·阴阳应象大论》中记载道："清阳为天，浊阴为地。地气上为云，天气下为雨；雨出地气，云出天气。"

（2）阴阳理论说明了万物运行的法则

人体中"清阳出上窍,浊阴出下窍；清阳发腠理，浊阴走五脏；清阳实四肢，浊阴归六腑"，这一过程和天地的形成过程共同构成了天地间的物质循环。

（3）阴阳解释了生命变化的规则

古人用生长收藏来说明生命变化的形式和过程，推进、实现这一过程的力量源泉正是阴阳。"清阳上天，浊阴归地，是故天地之动静，神明为之纲纪，故能以生长收藏，终而复始。"

阴阳说明了"生长收藏"这一生命变化形式。推进生命的"生、长、化、收、藏"的过程，终而复始，运动不息，这也正是五行理论的内容之一。由此，我们可以知道，五行理论解释并实现了阴阳理论。

（4）阴阳理论说明了生命内部的生克制化

这一关系由五行理论来说明。具体来概括为以下三句话："五行即阴阳之质，阴阳即五行之气，气非质不立，质非气不行。行也者，所以行阴阳之气也。""造化之机不可无生，亦不可无制。无生而发育无由，无制则亢而为害。生克循环，运行不息。""盖五形之中，有生有化，有制有克。"

（5）阴阳理论论述生命之源

在古代，道家和医者用"神明"这个词说明了生命的生灭现象和能力。"其生物也，莫见其所养而物长；其杀物也，莫见其所丧而物亡。此之谓神明。"

阴阳正是这般生灭现象的原因，并可以此来理解生命现象。

上面所论述的五个观点，表现了古人对天地、生命的基本见解。《黄帝内经》中总结为："阴阳者，天地之道也，万物之纲纪，变化之父母，生杀之本始，神明之府也。"

阴阳五行说，道法自然。

阳
天之气轻清。
火性热而炎上。

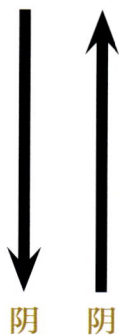

阴 阴

地之气重而浊。
水性寒而润下。

火
上升

木
向四面八方
伸展

土
安定、生
出万物

水
向下运动、
自由、柔软

金
收缩、稳固

五行

五行和四季

五行是指气的五种运动方式。

春天属木，代表气向四周扩散的运动方式。春天，花草树木生长茂盛，树木的枝条向四周伸展，养料往枝头输送，所以春属木。

夏天属火，代表气向上的运动方式。火的特点就是向上，夏天各种植物向上生长，长势迅猛，所以夏属火。

秋天属金，代表气向内收缩的运动方式。金的特点是稳固，秋天收获，人们储蓄粮食为过冬做准备，树叶凋落，所以秋属金。

冬天属水，代表气向下的运动方式。水往低处流，冬天万物休眠，为春天蓄积养料，所以冬属水。

因有四季而有四行，但夏天和秋天之间要有过渡，因此便有了土，土代表气的平稳运动。

五行的性质

木　像树木生长枝叶一般，具有向四面八方伸展的性质。

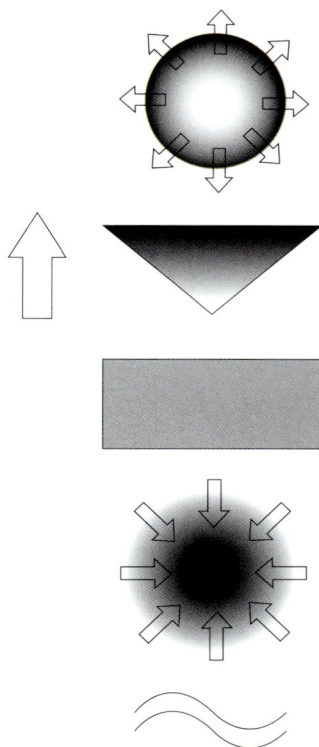

火　像火向上窜一般，具有迅速上升的性质。

土　像广阔大地一样具有安定感，繁衍万物，具有平稳、保守的性质。

金　像土中结晶的金属一样，收缩、凝聚、结晶后，具有冷彻、坚固、可靠、清洁的性质。

水　像流水一样，具有向下、自由、柔软的性质。

五行的解释

五行学说认为，宇宙万物都由木、火、土、金、水五种基本性质的物质的运行（运动）和变化所构成。它强调整体概念，描绘了事物的结构关系和运动形式。如果说阴阳是一种古代的对立统一学说，那么五行可以说是一种普通系统论。五行是用五种文字符号表示了物质的能量和形态间的相互关系和运动变化的规则。

五行的属性

五行	木	火	土	金	水
季节	春	夏	暑伏	秋	冬
自然的五气	风	暑	湿	燥	寒
五方	东	南	中	西	北
五脏（内五行）	肝	心	脾	肺	肾
外五行	目	舌	口	鼻	耳
五脏之精气	魂	神	意	魄	志

续表

五行	木	火	土	金	水
五腑	胆	小肠（三焦）	胃	大肠	膀胱
五体	筋、爪	血脉	肌肉、唇	皮毛	骨髓、头发
七情	怒	喜（笑）	思考	悲、忧	恐、惊
五津	泪	汗	涎	涕	唾
五感	视觉	触觉	味觉	嗅觉	听觉
五味	酸	苦	甘	辛	咸
阴阳的属性	阴中之阳	阳中之阳		阳中之阴	阴中之阴

五行相生

五行相生是指万物生成并相互关联，不断循环，描述了事物的变化规律。

相生关系图

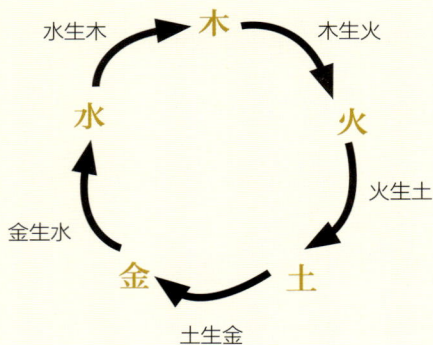

相克关系图

※ "金克木"在物质上很容易理解，坚强胜柔弱。
※ 这里的"土"只代表五行质性为土，并不是指广义的大地。

五行相生和五行相克的关系

相生是指相互资生、促进、助长的关系；相克是指事物之间相互克制、制约、抑制的关系。

《道德经》曰："天下之至柔，驰骋天下之至坚。无有入无间……"我们可以由此从阴阳五行中理解万事万物的规律。

《道德经》曰："不出户，知天下；不窥牖，见天道。其出弥远，其知弥少。"（不出门，只要能把握规律和法则，就能理解天下万物。如果不能理解规律法则，即便游走四面八方，知道的也甚少。）

● 五行拳和内五行、外五行

在戴氏心意拳的技法中，金、木、水、火、土指的是劈、崩、躜、炮、横。内五行是指肺、肝、肾、心、脾五脏，外五行是指鼻、目、耳、舌、口（人中）五官。

> 肝属木，肝气条达。
>
> 心属火，心气盛。
>
> 脾属土，脾气运化。
>
> 肺属金，肺气通调。
>
> 肾属水，肾气下达润体。

内五行的功能

内五行，并不仅仅表示脏器，也表示了脏器的功能和作用。

肝 肝掌管着身体的新陈代谢，使得肝脏的代谢和排毒，胆囊的功能、自主神经系统、运动神经系统、精神活动平稳以及全身机能协调进行。肝的状态，可以在手指、肌肉和眼睛中表现出来。

心 通过血液循环系统的功能，调节意识和精神活动。心和小肠是互为表里的关系。心脏的状态，在舌头和脉搏中表现出来，和汗腺的代谢也有关系。

脾 掌管着肠胃等消化系统和消化吸收的代谢系统，也包括淋巴系统的功能、胰腺的消化功能。

肺 掌管着呼吸系统和皮肤。肺和大肠是互为表里的关系。肺的状态在鼻子上表现出来。肺不舒服时很容易感冒。

肾 具有与生命的生长、衰老密切相关的生命维持功能。以肾上腺为代表控制着激素分泌、泌尿系统、生殖系统、神经系统、水分代谢。骨、耳、脑（记忆等）可以表现肾的状态。

从内五行到外五行

内外五行相通

肝属木，与目通。

心属火，与舌通。

脾属土，与口通。

肺属金，与鼻通。

肾属水，与耳通。

内外五行 相克相生

肾控水储金，有着水向低处流的特性。肾脏的精气滋养肝脏（五行相生）。肾水抑制心火（五行相克）。

肝有使气通达全身之功效。木有向四方伸展之特征，肝所藏之血养心（五行相生）。肝气旺盛，会乘到脾（五行相克）。

五行相生是指五行中五要素之间"生"的关系。各要素可以使对方更强大（如右图圆形所示）。五行相克是指各要素之间相互对立，互相抑制（如右图星形所示）。

心有温煦作用。火有上炎之性，心热温脾（五行相生），但心热抑制肺清肃下行（五行相克）。

肝
木

肾
水

心
火

金
肺

土
脾

肺有使气和水下降的作用。金有收敛的特性。肺清肃下行可助肾（五行相生），肝旺则抑肝气（五行相克）。

脾可运化营养物质。土有生长万物之特性。脾运化水谷精微养肺（五行相生），又制约肾水（五行相克）。

五脏是指肺、肝、肾、心、脾，并不单单指脏器名称，也包含了脏器的功能和作用。

内外五行和五行拳

外五行的各种状态是内五行的外在表现。五行拳可以通过五行相生的"虚则补其母，实则泻其子"（《难经》）来保持内外五行的平衡。

肝在外五行上的表现

肝属木，管藏血，运行气血至全身，并通过眼睛表现。内五行的精气，从眼睛可以看出。肝神是"魂"，是无意识的、本能活动的生命力，表现为感情、气质和感受。

肝的异常

目光无神，浑浊时，表示肝肾疲惫。

颜色浑浊昏黄时，表示肝胆有问题。

长期面色不佳时需警惕肝病。

肝阴不足，眼睛干涩。

肝血不足时，眼睛看不了暗处。

肝经风热时眼睛充血。

肝气旺盛（肝气上窜）时，会晕眩。

若有肝风，则会斜视。

肝的异常和五行拳的练拳效果

肝异常时，可练习崩拳。崩拳属木，可调整肝的功能。（五行属性）

肝病为实证时，可练习炮拳。炮拳属火，火有泻木功效。（泻法）

虚证时，可练习躜拳。躜拳属水，水是木之母，可助木生长。（补法）

解释 异常，是指阴阳失调，通过未病和病表现出来。

实证是指对人体有害的物质，反应强烈。虚证是指人体必要的物质和功能不足。"泻"是指将不需要的和有害的物质从体内排出。"补"是指给身体补充不足的物质。

五行拳养生理论图　补和泻

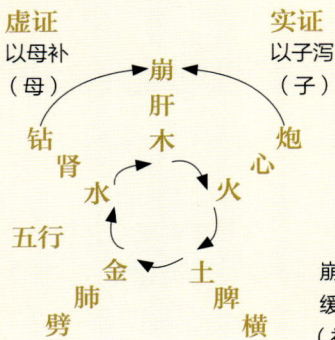

虚证
以母补
（母）

实证
以子泻
（子）

崩
肝
木

钻
肾
水

炮
心
火

五行

金
肺
劈

土
脾
横

崩拳养肝。肝实时，以炮拳缓（泻），肝虚时，以躜拳补（补）。

心在外五行上的表现

心属火，管血脉。可通过脸色和舌头来观察。心是身体血液循环之根本，能够促进全身协调。心之神是"神"，是思考、判断等的精神活动，表现了心的状态、情绪、智力和身体状况。

心的异常

心气旺盛时，脸色红润。

心气不足时，脉象微弱，脸色苍白。

心血不足时，舌苔淡白。

心火旺盛时，舌苔变红，甚者会有肿大。

心热时，口齿不清。

心的异常和五行拳的练拳效果

心异常时，可练习炮拳。炮拳属火，可调整心的功能。（五行属性）

实证时，可练习横拳。横拳属土，土有泻火之功效。（泻法）

虚证时，可练习崩拳。崩拳属木，木是火之母，可助火。

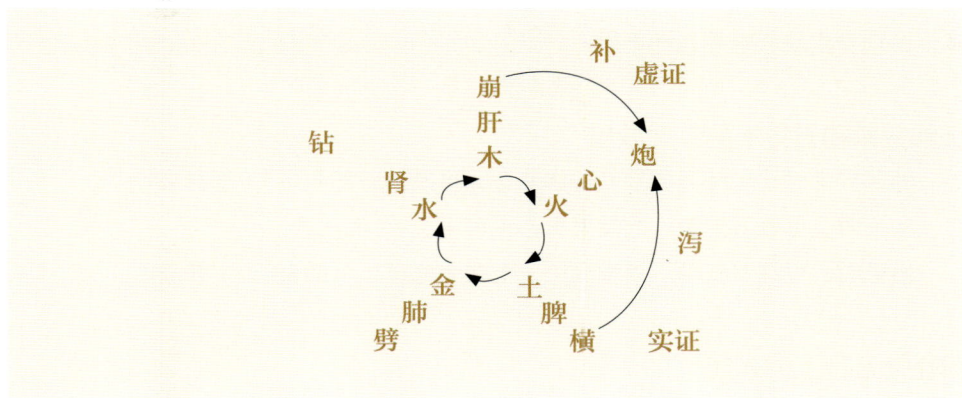

脾在外五行上的表现

脾属土，掌管统血，使水谷精微运行于全身。脾引五行道于口，脾之神为"意"，表现为意识、欲望、意志、欲求、品格。

脾的异常

脾胃虚弱，则水谷不能正常运达，唇色浅淡，血色不良。

口中无味，食欲不佳，全身虚弱，四肢无力。

血是气之母，气是血之帅。脾胃若良好运行，气血充足则嘴唇红润有光泽。

湿阻中焦，则嘴唇变青紫。

脾的异常和五行拳的练拳效果

脾异常时，可练习横拳。横拳属土，可调整脾的功能。（五行的属性）

实证时，可练习劈拳。劈拳属金，金可泻土。（泻法）

虚证时，可练习炮拳。炮拳属火，火是土之母，可助土长。（补法）

肺在外五行上的表现

肺属金，生气，可通达皮肤和体毛，外五行通于鼻。肺之神为"魄"，通常表现为本能的活动和日常无意识的动作、注意力、气魄和情绪。肺正常工作，则呼吸顺畅气血通达。气血通达至全身各部和皮肤、毛发，嗅觉也更为敏锐。

肺部异常

风寒若侵入身体内部，则鼻子阻塞，食之无味，全身发冷，肺部干燥，肺热则鼻干，全身皮肤、毛发粗糙干燥。

肺部异常和五行拳的练拳效果

肺部异常时，可练习劈拳。劈拳属金，可改善肺部状态。（五行属性）

实证时，可练习炮拳。炮拳属火，火可泻金。（泻法）

虚证时，可练习横拳。横拳属土，土是金之母，可助金长。（补法）

肾在外五行上的表现

肾属水，掌管藏精，外五行通于两阴，开窍于耳。精是生命之源，命门云气与肾通，命门是真火，即先天真气。肾精充足则肾气旺，精力充沛，耳朵可听到所有声音。肾精不足则肾气不足，精神衰弱，耳鸣，听力下降。肾和生殖功能、骨头发育、牙齿、头发关系密切。肾之神为"志"，表现了有目的地思考、行动、理性和先天的生命力、气质。

肾的异常

肾衰时，会导致骨质疏松，骨骼发育不良。

腰、腿虚弱。

尿频、夜尿、失禁等排泄异常。

耳背、耳鸣、眩晕、白内障、健忘、智力衰退、白发、脱发等身体上半部的异常。

肾的异常和五行拳的练拳效果

肾异常时，可练习躜拳。躜拳属水，可调整肾的功能。（五行的属性）

肾虚时，可练习劈拳。劈拳属金，是水之母，可养肾精。（补法）

五行和五行拳

劈拳似斧，属金，非斧也，有捧撑掇碟之势。

躜拳似闪电，属水，非水，呈推倒山状。

崩拳似箭，属木，非箭，呈破浪船头状。

炮拳似爆竹，属火，非炮竹，呈浪拍岸状。

横拳似弹丸，属土，非弹丸，呈车轮状。

五行相克

劈拳似斧属金，崩拳似箭属木，金克木，故劈拳能破崩拳。

横拳似弹丸属土，木克土，故崩拳能破横拳。

躜拳似闪电属水，土克水，故横拳能克躜拳。

炮拳似炮属火，水克火，故躜拳能克炮拳。火克金，故炮拳能破劈拳。

五行相生和五行相克

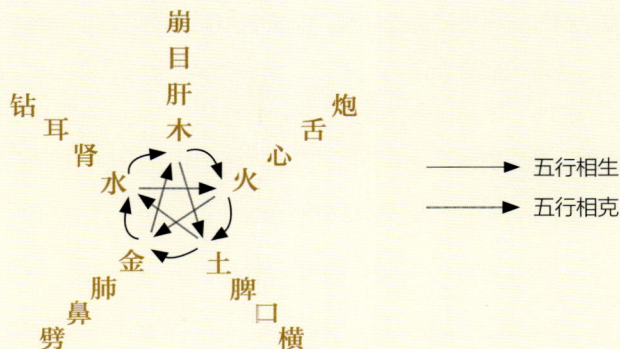

心动如火焰，四梢逞威风，肝动如箭钻，脾动主力功，肾动似闪电，肺动阵雷声，五行合一处，放胆即成功。明四梢永不惧，闭位五行永无凶。

心动如火焰，脾动能加功，肝动似飞剑，肺功成雷声，肾动快如风。五行合一处，放胆即成功，此五行在身体内。目通肝，鼻通肺，耳通肾，口通鼻，舌通心，此五行在体外。

内外五形相通

目通肝，鼻通肺，舌通心，耳通肾，人中通脾。

五行似虎，本是五道关，无人把守自遮拦。

东方左耳为甲乙之木，西方右耳为庚辛之金，北方目为壬癸之水，南方口为丙丁之火，中央鼻为戊己之土。万物由土而生，耳听、眼看、鼻嗅、伸舌而知味。

五行之本性，木性仁，金性义，火性礼，水性智，土性信。此为天地造化之真性，万物一致之定理。木行在东方，金行在西方，火行在南方，水行在北方，土居中央而呈五行之位。五行发散，行不止步，循环反复，周而复始。

心和外五行相应，内五行动则外五行随

心合眼则更明，心合耳则更灵，心合鼻则更有力，心合舌则五行相生精更增，一事通则通百事，若得精则五行明。

动　法

心动似火焰，心一动浑身俱动，内外要齐一，肝动似飞箭，肺动成雷声，脾动即加功，肾动快如风，五行合一处，放胆即成功。

又胆与怒合，有胆方有决心，有怒方有杀心，有杀心有决心方可成功。故一动间喊动枝叶，一枝动百枝摇矣，学艺者身动不及心动，先到一心后到一身。

能教一思进，莫教一思存。说话办事三思必无错，武艺三思必有凶，可不慎乎。又心动身，不动枉然，身动心不动亦枉然，但心动身未有不动者，故武艺只在一怒间，怒者心动之谓也。怒从心上起，恶心向胆边生，则胆怒合而动矣。

2 五行拳

● 劈拳

劈拳似斧，属金，非斧也，有捧撑掇碟之势。

动作说明

（1）六合势 （动作1）

动作1 束身，呈左虚灵步，右拳至脐右，左掌护中心线稍斜，手指朝前。

要领 ①肘不离肋、沉肩垂肘、三尖（鼻尖、后腿膝尖、后腿足尖）对照、含胸拔背、抱肩裹胯、二目平视、全身放松、意守丹田。

②气沉丹田，静而不动，即"静中有动"的姿势。

动作1 六合势

（2）两手上捧 （动作2）

动作2 斜身调胯，左手向内卷（怀中取物），左掌外缘至肚脐上侧掌心向上，同时右拳变掌，掌心向上。左掌向上沿胸口画弧线至左掌虎口与嘴齐平，左肘尖距离防点穴（心窝）约一拳距离（所谓"肘拐常平心"，成捧撑掇碟之势）。右掌和左掌的动作呼应，向上画弧线护住左手手腕，右手指尖与左手腕相接。

要点 左手内卷的用意是把对方来手撑开。

动作2 左虚灵步束身起手

动作3　左虎步展身落手　　　　　　　　　　　动作4　左寸步、右上部

（3）弓步劈拳 （动作3）

动作3　两手从前方往下方画弧线，落至齐腰，同时左手变拳，右手四指轻搭在左拳腕脉门处。

要领　①左拳略低于肘，食指根节和鼻尖成一条线。

　　　　②下颌微收、沉肩垂肘、气沉丹田、虚灵顶劲，上下相随、完整一致。

内劲　发劲要领是丹田催胯，胯催膝，膝催脚。丹田催胸，胸催膀，膀催肘，肘催手，所谓"根节催，中节随，梢节追"。

（4）左寸步，两手拉回 （动作4）

动作4　右手向回裹，左拳变掌，斜身，其他动作同2，惟左右相反。

要领　束身，拳变掌的动作和寸步要同时开始。（协调一致）

动作5　右虚灵步束身起手　　　　　　　　动作6　右弓步展身落手

（5）虚灵步，两手上捧 （动作5）

动作5　左寸步后，右脚上步呈左虚灵步。双手在整个动作上持续上捧至嘴前。呈捧撑掇碟之势，动作同2，惟左右相反。

要领　下颌微仰、含胸拔背、抱肩裹胯、收臀提肛。

（6）虎步劈拳 （动作6）

动作6　同（3），惟左右相反。

（7）右寸步、左灵虚步

动作7　同（4），惟左右相反。

要领　束身，拳变掌的动作和寸步同时开始（协调一致）。

退步劈拳

右弓步展身落手

重心向后移动，同时丹田翻动，提膝，足背放松，足尖下垂，上身微束

右提膝退步

脚尖着地，放下脚后跟的动作和束身的动作相互协调

左虚灵步束身起手

束身、虚灵步和托手的动作要协调一致。（身落手起）

左弓步展身落手

左提膝退步

丹田向后移动的同时，翻转的动作和步法、身法的缩起相协调

右虚灵步束身起手
束身、虚灵步和托手的动作相互协调一致
（身落手起）

右弓步展身落手
落手和虎步展身相互协调一致

劈拳似斧，属金，非斧也，有捧撑掇碟之势

解说 劈拳似斧，非斧也

劈拳似斧，有落劲，有起劲，有挤劲。

属金

在五行中"金"是"土"收敛、凝固、结晶后的东西，拥有坚硬、美丽的形象。

内五行和肺、外五行和鼻相通。金生水，克木。

有捧撑掇碟之势

劈拳做向上捧起盘子状。

要　点

①肘不离肋、沉肩垂肘、三尖（鼻尖、后腿膝尖、后腿脚尖）对照，含胸拔背、抱肩裹胯、收臀提肛、二目平视、全身放松、意守丹田。

手腕向内侧卷起的动作，并不是仅仅是动手腕，而是和肘、肩、束身的动作连动，相互协调。（出洞入洞紧随身）

②扬手的动作和束身的动作相呼应，身带动手。（身落手起）

两肘擦过侧腹时（两肘不离肋）向上，手擦过心脏（两手不离心）、手的虎口和嘴的高度相平（拳谱讲"口对口"），肘和膝相对。

③放下手的动作，即弯起手指握拳放下。

④收回，向上（起），放下（落）一连串的两手动作画弧线时，不要有棱角（断劲）。

⑤身法，在收手的时候，斜身调胯，朝脚后侧转腰（斜）虚灵步的后膝盖向前，前膝稍向内将膝盖闭住（抱肩裹胯）。腰转身后上半身稍斜，步行向正前方（看斜却正）。重心放置于整个后脚，前脚放虚，轻轻着地，安稳站立。

⑥呈虚灵步、弓步时，动作稍暂停，确认身心稳定，姿势动作正确。初学时，可对着镜子确认，眼与目合。熟悉后目视前方，用意识来确认身体姿势的正确性。

劈拳

劈拳正面

六合势

左虚灵步束身起手

左虎步展身落手

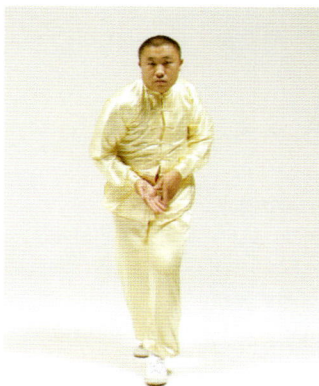

翻丹田，缩起身法的同时左寸步、右上部。右虚灵步束身起手

右虎步展身落手

右寸步、左上步、托手

左虚灵步束身起手

劈拳的劲力解析

○ 起落

手起身落：双手伸展，身体下沉
　　手的起劲与身体下沉的动作协调一致，类似于杠杆原理，可使对手的重心游移不定

身起手落：身体伸展，双手落下
　　手的落劲依据步法的不同，若是与重心的移动及展身的起劲（顶劲）协调一致，就能形成如描画圆弧一般的落劲

手起身落束中进，身起手落展中击

双手伸展，身体下沉，在束身中向前跃进。

身体伸展，双手落下，在展身时出招进攻。

○ 波浪

　　起落若是与步法（搬丹田和滚丹田）、身法协调一致，就能避免单纯的上下运动，进而转变成像翻起波浪似的动作。而且，它们协调得到的劲道会变得十分强大，不同于单纯运用掌法的发力动作，可以使对手搞不明白力从何来，自然也就无从招架了。

掌法要有起有落，气息于丹田流转，配合步法，在跃进中形成波浪之势的发力

劈拳用法

○ 示例1　深入内侧中门

动作1

动作2

动作3

动作4

成虎步，用右掌外侧向对手的脖颈用搓劲对胸部发起进攻

○ 劲力解析

劲力是指主要通过寸步、上步、虎步等步法使重心转移所发出的力，以及自丹田开始全身伸展时所发出的力。

展身时，要求气息流转于丹田（滚），下盘的后脚踢地（钉劲），通过反作用力激发出劲力。一部分劲力送向前脚，另一部分劲力通过身体送向攻击部位。上半身的劲力可以通过熊腰、猴背和鹰膀等的协调，进一步增强原本就极具威力的劲力。

○ 示例2

对手高抬起右手意图攻击我的正脸，我根据对手的来势或里拨或外表，手腕挤住对方顺势擦过对手的脖颈，呈现高捧着盘子的姿势。

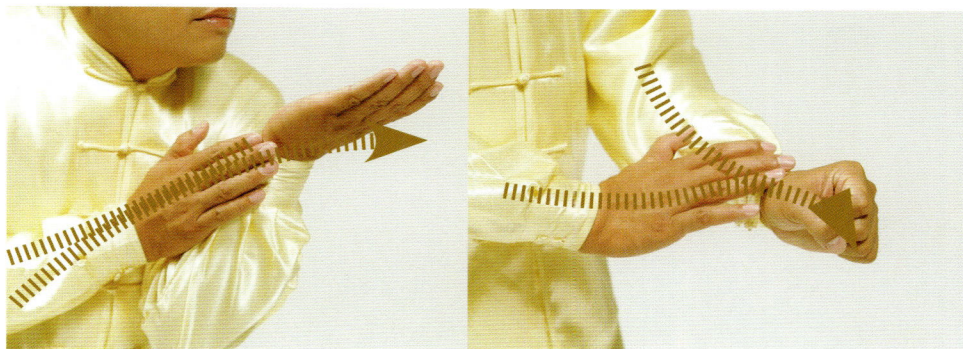

劈拳落

右手贴着左手内侧，自丹田发出的劲力支援向右手，补完整套攻击。

【力学构造】

步法上要求以夹剪劲发出前进的劲力，身法上要求收束身体并伸展劲力，将这两种劲力集中到一点。形成"保护中心，攻击中心"的构造。

三尖对齐示例
三尖指鼻尖、膝尖（手尖）、足尖

○ 示例3

自对手外侧攻击

六合势

预判对手起手进攻的时机

起手要求"静中有动"，运用虎步，自对手的腿外侧向中心进攻。

寸步向前迈步，感受到对手心意动摇时我方同时行动

劈拳的吞吐

我方在收束身体的同时，沿着对方力的方向划一个大圆以动摇对方的重心，并伴随圆周运动（滚）展开攻击

攻击时要运用自丹田发出的劲力，以右手堪堪擦过对方脖颈，同时深入到对方身体内侧的手法，左手作为右手的辅助，要与随着步法而移动的重心协调一致，同时向对手的身体内部打入劲力

用掌法攻击对手的同时，运用手肘制衡住对手。（打中有顾）

掌法具有变化多端的灵活多样性，亦是将整个身体的劲力传达出去的道具。万万不可在细枝末节的手部注入蛮力

● 崩拳

崩拳似箭属木非箭也　有舟行浪（打）之势

动作说明

（1）六合势 （动作1）

动作1 束身，呈左虚灵步状，右掌松垂手背向前放置脐右侧，左掌在右掌下方，松垂手背朝前，两手合住中心线。

要领 肘不离肋、沉肩垂肘、三尖（鼻尖、后脚膝尖、后脚足尖）对照、束尾、双目平视、全身放松、意守丹田。

束身，呈自然放松的姿势。

（2）虚灵步 （动作2、动作3）

动作2 束身稍扩大，保持左虚灵步的姿势，两掌同时变（空心）拳，右拳（拳心向内）贴在肚脐右侧，左拳随腰身向右拧转，从肚脐前往右肩上方一边画弧（拦手），一边伸至右肩（动作2）。左脚脚尖向外拉开，寸步，右脚上步，呈虚灵步状。

动作1　六合势　　　　　　动作2　左手旋转内裹　　　　　动作3　左灵虚步束身

要领	①左拳向前上方拦裹的动作和斜身调膀的动作相呼应。左拳内转返回内侧的动作和转腰的动作相协调。
	②即使转腰也不要改变束身蓄势，头和步形朝向正前方，不要受转腰的影响朝向内侧。
	③寸步和转回手的动作相协调。
动作3	左拳再向左侧拧转至中心位，右拳内转，拳心朝上，向下移动至腰的位置。身法：束身，朝向前进方向（正）。
要领	伸左拳时，肘部不要朝外（垂肘）。

（3）呈虎步，上打 　　　　　　　　　　　　　　　　（动作4）

动作4	右腿上步呈虎步，左拳回撤到肚脐左侧。同时右拳拧转拳心向上，并向前上方（对方心口窝）挤出，至对方海底（下巴）下方拧转瞬间击打，空心拳变实发劲，发劲后瞬间放松变回空心拳。身法即展身，腰向左转（斜）。
要领	①展身、斜正、虎步、出拳相协调，完整一致。
	②出拳时，两肘夹住侧腹（"两肘不离肋""夹肘"）打出。
	③左拳回撤，右拳挤出，两拳形成吞吐之势。
内劲	丹田顺时针转动（滚），上半身催动胸、肩、肘、手。下半身将劲催向后腿（膝、后脚跟）（钉劲），反作用力作用到梢部（拳面）。滚劲、钉劲催动前脚（胯、膝、脚），向前方送劲。

（4）寸步、下落 　　　　　　　　　　　　　　　　　（动作5）

动作5	做寸步的同时，右拳内裹画弧至腰间（不停，接动作6）。
要领	右拳内转的同时开始束身，和寸步协调一致。

（5）呈虚灵步，做好准备 　　　　　　　　　　　　　（动作6）

动作6	上接动作5，手腕向前上方画弧至肩的高度。动作要点同前动作2，唯方向相反。
要领	①伸右拳时，肘部不要朝外（垂肘）。
	②身法为从朝斜面转向朝正前方，但步法不转，后脚膝盖朝前，两腿相擦上步，发出夹剪劲。虚灵步的后膝不朝向外，而是朝向前方并内扣。前脚膝盖和后脚膝盖重叠，中间不留缝（拳谱云：脚向内扣同向行）。

动作4　右虎步展伸崩拳　　　　　动作5　寸步，下落　　　　　动作6　左虚灵步

（6）呈虎步，向上打 （动作7）

动作7　上步成左虎步，同动作4，惟方向相反。

要领　①展身、斜正、虎步、出拳相协调，要使其完整一致。

　　　　②出拳时，两肘夹紧侧腹（"两肘不离肋""夹肘"）打出。

内劲　丹田顺时转动（滚），上半身催动胸、肩、肘、手。下半身将劲催向后脚（膝、后脚跟）（钉劲），反作用力作用到梢部（拳面）。滚劲、钉劲催动前脚（胯、膝、脚），向前方送劲。

（7）寸步，下落 （动作8）

动作8　寸步，同动作2。

要领　左拳内转的同时开始束身，和寸步协调完整一致。

内劲　丹田翻转（滚），下半身催动胯、膝、脚，后脚蹬地运用催动的劲力寸步向前。

（8）虚灵步，准备 （动作9）

动作9　同动作3。

要领　①伸左拳时，肘不要拉向外边（垂肘）。

动作7　左虎步展身崩拳　　　动作8　寸步、抖落　　　动作9　左虚灵步

②身法为由斜面稍转向正面，但是步法不转，后脚膝盖朝向正面，两腿合拢上步，表现出夹剪劲。虚灵步的后膝不朝向外而朝向前方。前腿膝盖与后腿膝盖重叠，中间不留缝。

（9）虎步，上打　　　　　（动作10）

动作10　同动作4。

要领　①展身、斜正、虎步、出拳协调一致。
②出拳时，两肘夹住侧腹（两肘不离肋、夹肘）推出。

内劲　丹田顺时针转（滚），催动胸、肩、肘、手。下半身向后脚（膝盖、脚后跟）催劲（钉劲），反作用力送达梢部（拳面）。滚劲、钉劲催动前脚（胯、膝、脚），向前方送劲。

动作10

崩拳手法

向上向内裹卷，手法为卷入，身法为束身

手腕向上伸时，不要横肘外撇，应始终保持肘尖垂向下

六合势是两手护住自己的中心，也是攻击对手的姿势

卷入、下落的同时，束身寸步前进

上打时，始终保持肘尖垂向下。肘与膝合，肩、肘、拳形成一条线，将劲力送至拳面

崩拳正面

崩拳用法

○ 示例1

六合势，心沉气静，拳谱云：眼盯耳听鼻闻伸舌尝味（静中有动）

观察到对手要出拳时，左手挡开对手右拳；寸步上前

入对手中门，用前腕擦过胸膛（挤），攻打对手下颌

○ 示例2　拳、前腕、肘的使用方法

和上面示例1相同，用右前腕打胸、肘打心窝。用前腕防御对手左手的连续攻击，也可在格挡的同时用右拳打。

○ 示例3　束身打法

虚灵步时拳心向上，拳面朝前，打对手腹部。（束也打，展也打）

○ 示例4　从背部进入

对手以左拳顺步攻击，按照和示例1～示例3相同的方法从对手外侧攻击。

○ 示例5　腿法的攻击

与对手相距较近时，在虚灵步之前用脚尖踢对手小腿。

蹬拳

● 蹩拳

动作说明

（1）六合势 （动作1）

动作1　束身，呈左虚灵步状，右掌松垂，手背向前放置于脐右侧，左掌在右掌下方，也松垂手背朝前，两手合住中心线。

要领　①肘不离肋、沉肩垂肘、三尖（鼻尖、后脚膝尖、后脚足尖）对照、含胸拔背、缩尾、双目平视全身放松、意守丹田。

束身，放松呈自然姿态。

②气沉丹田，心沉气静，呈"静中有动"的姿势。

（2）双手向上，打出蹩拳 （动作2、动作3）

动作2　束身，身落手起，两掌合住沿中心线同时往正前上方画弧，直至肩的高度，掌变鸡手。

要领　伸双手的动作，和束身的动作相协调（身落手起）。

用法　应为用左手腕上打对手下颌。

动作3　虎步，同时两鸡手向右后内转，斜身调膀，左膀左肘同时下砸，左肩面向

动作1　六合势　　　　动作2　上扬双手　　　　动作3　左虎步蹩拳

正面。

要领 ①蹑拳中肩的膀法有向地面下砸的劲力（直劲），步法同时上前，形成上下合击之势。

②身法虽比正前方稍斜，但是步法不往外斜（看斜却是正，后脚膝盖向正前方）。面向正前方的同时，丹田滚动的劲力送至胯、膝、脚。后脚蹬用钉劲，保持虎步要领。

③气沉丹田，重心稳定，不上浮（稳）。

④向内转的两手动作协调一致（身起手落）。右手肘部向后摩擦右肋，右手心向上贴住肚脐右上侧，左手虎口朝前，手心向上。

⑤手法和身法的束展、斜正、步法协调一致。

内劲 丹田回转（滚），劲力在上半身催向胸、肩、肘、手。下半身将劲力（钉劲）送达后脚（膝盖、后脚跟），反作用力送至梢部（拳面）。滚劲、钉劲催动前脚（胯、膝盖、脚），向前方送劲。

（3）寸步、上步，成虚灵步的同时上打 　　　　　　（动作4、动作5）

动作4 斜身调膀，左寸步，左鸡手向外转时下落，右鸡手外转，使得手心向下，前后手互换。

要领 ①左手向外转的同时开始束身，由斜转正时的身法与开始寸步的动作要协调一致。

②左鸡手下落时不要横肘。右鸡手由中心打出，通过身体中心线，两肘擦过腋下打出（"两肘不离肋，两手不离心，出洞入洞紧随身"）

内劲 丹田翻转（滚），劲力下半身催向胯、膝、脚，后脚蹬，催出的劲力用于寸步。

动作5 束身，上步的同时上撩右手。拳谱云："身落手起束中进，身起手落展中击。"

要领 寸步、上步动作一气呵成，虚灵步安稳站立（稳）。

（4）从虚灵步转为虎步，打蹑拳 　　　　　　　　　　（动作6）

动作6 同动作3，惟方向相反。

要领 ①蹑拳中肩的膀法有向地面下砸的劲力（直劲），步法同时上前，形成上下合击之势。

②身法虽比正前方稍斜，但是步法不往外斜（看斜却是正，后脚膝盖向正

动作4　寸步、下落　　　　动作5　上步、虚灵步、上拂　　　动作6　右虎步蹭拳

前方）。面向正前方的同时，丹田滚动的劲力送达胯、膝、脚。后脚蹬用钉劲，保持虎步要领。

③气沉丹田，重心稳定，不上浮（稳）。

④向内转的两手动作协调一致（身起手落）。右手肘部向后摩擦右肋，右手心向上贴住肚脐右上侧，左手虎口朝前，手心向上。

⑤手法和身法的束展、斜正、步法协调一致。

内劲　丹田回转（滚），劲力在上半身催向胸、肩、肘、手。下半身将劲力（钉劲）送至后脚（膝盖、后脚跟），反作用力送至梢部（拳面）。滚劲、钉劲催动前脚（胯、膝盖、脚），向前方送劲。

（5）由寸步、上步开始变成虚灵步，上撩　　　　（动作7、动作8）

动作7　同动作4，惟方向相反。

要领　①左手向外转的同时开始束身，由斜转正时的身法在转换的动作，与开始寸步的动作要协调一致。

②左鸡手下落时不要横肘。右鸡手由中心打出，通过身体中心线，两肘擦过腋下打出（两肘不离肋，两手不离心，出洞入洞紧随身）。

内劲　丹田逆转（滚），劲力下半身催向胯、膝、脚，后脚发出前进动力，催出的劲力用于寸步。

用法 用右鸡手避开对手右拳，下落，左鸡手的手腕攻打对手腹部或侧腹部。

动作8 同动作5，惟方向相反。

要领 寸步、上步动作一气呵成，虚灵步安稳站立（稳）。

用法 ①打腹部后，沿着对手身体上撩打下巴。

②上撩的同时，根据对手变化进肘可以击打对方心口窝，随后贴身用肩膀砸击对方。拳谱云："膀打一阴反一阳，肘打去意占胸膛，好似反弓一粒精。"

（6）从虚灵步变虎步，打出躜拳 （动作9）

动作9 同动作6，惟方向相反。

要领 ①躜拳中肩的膀法有向地面下砸的劲力（直劲），步法同时上前，形成上下合击之势。

②身法虽比正前方稍斜，但是步法不往外斜（看斜却是正，后脚膝盖向正前方）。面向正前方的同时，丹田滚动的劲力送至胯、膝、脚。后脚蹬用

动作7　寸步、下落　　　　　　　　动作8　上步、虚灵步、上撩

钉劲，保持虎步要领。

③气沉丹田，重心稳定，不上浮（稳）。

④向内转的两手动作协调一致（身起手落）。右手肘部向后摩擦右肋，右手心向上贴住肚脐右上侧，左手虎口朝前，手心向上。

⑤手法和身法的束展、斜正、步法协调一致。

内劲　丹田回转（滚），劲力在上半身催向胸、肩、肘、手。下半身将劲力（钉劲）送至后脚（膝盖、后脚跟），反作用力送至梢部（拳面）。滚劲、钉劲催动前脚（胯、膝盖、脚），向前方送劲。

（7）收功
（动作10）

动作10　动作2~动作9适当重复转身法和退步法，动作8中移动右脚呈虚灵步状，左手落至大腿根，右手放至小腹（丹田）前，两手均合在身体中线上。

要领　放松上半身，安稳站立。双目平视，肘不离肋、沉肩垂肘、三尖（鼻尖、后脚膝尖、后脚足尖）对照、含胸拔背、全身放松、意守丹田。

动作9　左虎步躜拳　　　　　　　　动作10　回至六合势

蹬拳正面

动作1　六合势

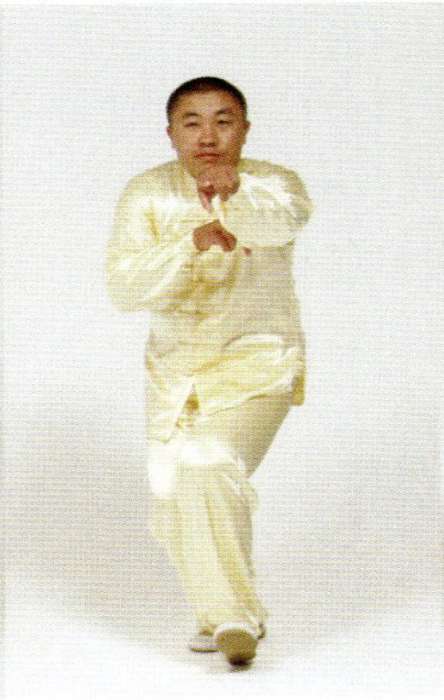
动作2　上扬双手

动作3　左虎步蹬拳

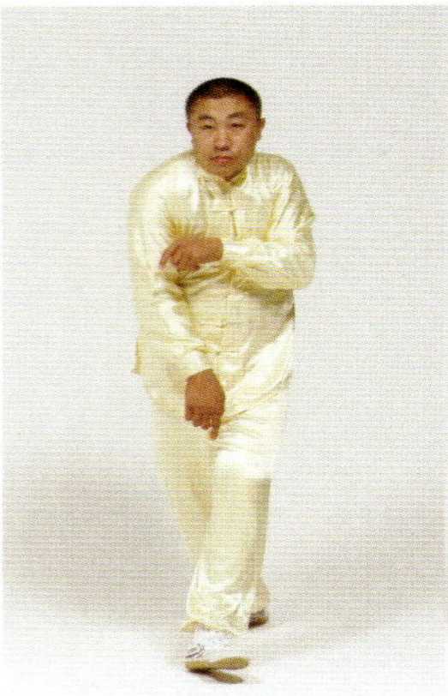
动作4　寸步、下落

动作5　上步、虚灵步、上拂

动作6　右虎步蹬拳

动作7　寸步、下落

动作8　上步、虚灵步、上撩

动作9　左虎步蹬拳

移动后脚靠拢前脚

动作10 六合势（收功）

躜拳的劲力解析

○ 身落手起

身体下落蓄劲，手随之抬起，拳谱云："起是去也，落是打也。"起也打，落也打，起落二字如水中之翻浪。

○ 斜正

正 → 正 → 斜

身落　　身起

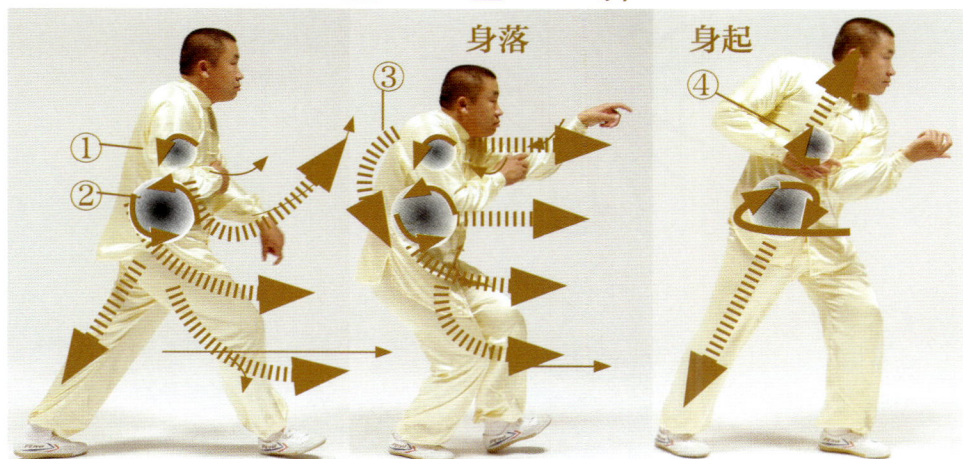

"含胸拔背"（缩）（①）和运转丹田（滚丹田）的劲力（②）相协调，变成连动的巨大劲力

"身落手起束中进"，身体落，手抬起，束身的同时有前进的劲力

体内有起劲，手中有落劲。身法由正面转至斜面，但仍以束身劲力为主，丹田劲力贯至对手

由"正"至"正"的动作中，在束展和上步时前进劲力为主要劲力。

由"正"至"斜"的动作中，在束展和上步时前进的劲力加上转腰的劲力（腰劲），用于化解对方的来劲。

○ 猴背

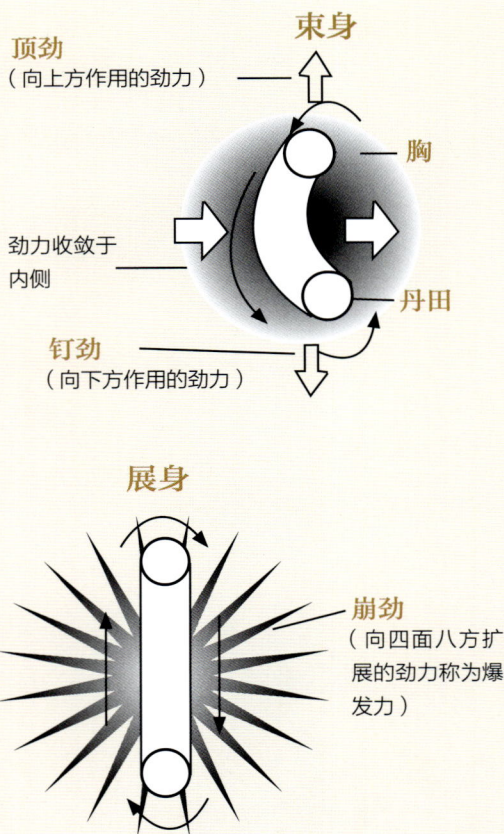

顶劲
（向上方作用的劲力）

束身

胸

劲力收敛于内侧

丹田

钉劲
（向下方作用的劲力）

展身

崩劲
（向四面八方扩展的劲力称为爆发力）

上页图中③、④为"猴背"的身法。

拳谱云："猴有纵伸之功"，"猴背"表现了猴子向上跳的时候，背缩成圆形拉长身体的姿势。

"身如弩，拳如药箭"

拉弓，使得劲力集中于体内，像箭般放出（展）。

"身落手起束中进""两手不离心,两肘不离肋,出洞入洞紧随身"

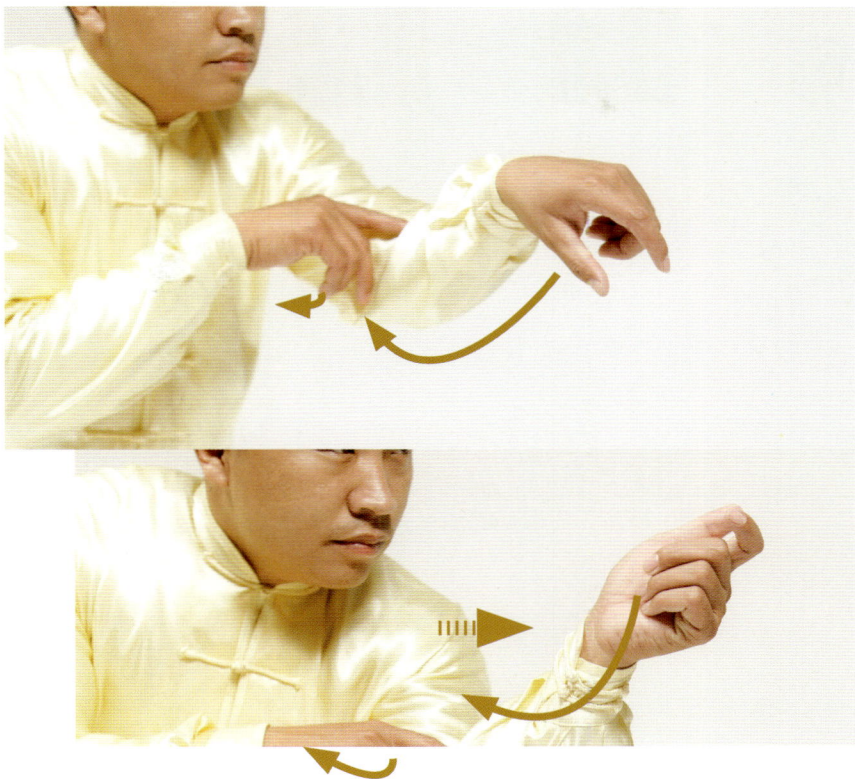

　　手腕内转的手法,可挂住对手的手(挂劲),肘部也同时内卷。拳谱云:"手有拨转之能。"可根据变化击打对手颈部或腋部,拳谱云:"整学零使唤。"

○ 膀法

抱肩,鹰膀劲力直接作用于肩膀。

猴背,将丹田中的劲力作用于肩膀。

躜拳用法从内门进攻

六合势，心沉气静（"静中有动"）

察觉到对手攻击意图，同时寸步上步，用左手挡开对手右拳，右手手腕上撩对手下颌

内转右鸡手，朝对手脖子和脸部打去。以手腕、肘部护住中心使得对手不能连续出击左拳。在出左拳的同时，用前臂防御

紧接前面的动作用膀法攻打对手胸部

炮拳

● 炮拳

> 炮拳似炮，属火，非炮也，有江水排岸之势。

动作说明

（1）六合势 （动作1）

动作1 束身，呈左虚灵步状，右掌松垂，手背向前放置脐右侧，左掌在右掌下方，也松垂手背朝前，两手合住中心线。

要领 ①肘不离肋、沉肩垂肘、三尖（鼻尖、后脚膝尖、后脚足尖）对照、含胸拔背、束尾、双目平视、全身放松、意守丹田。
②束身，放松，呈自然状态。
③气沉丹田，呈"静中有动"的姿势。

（2）扬起双手，打出炮拳 （动作2、动作3）

动作2 扩大束身，左寸步和右上步成右虚灵步。两手上挑（分开对手来手），同时外翻，直至头的高度，手心向内。前手略高，后手合在前手肘部。

要领 ①扬起双手的动作和扩大束身的动作、寸步、上步相协调（"身落手起束中进"），两手放松。

内劲 丹田翻转（滚），下半身将劲力催向胯、膝、脚，后脚蹬，用催动的劲力来进行寸步。

用法 上撩分开对手双手，用右手手腕顺势上打对手下颌。

动作3 成虎步，同时两鸡手向外转，甩落至腹部（略高于肚脐）。

要领 ①两手从上方画弧甩落。
②身法虽比正前方稍斜，但是步法不往外斜（看斜却是正，后脚膝盖向正前方）。面向正前方的同时，丹田滚动的劲力送至胯、膝、脚。后脚蹬用钉劲，保持虎步要领。
③气沉丹田，重心稳定，不上浮（稳）。
④手法和身法的束展与步法相协调。

内劲 丹田回转（滚），劲力在上半身催向胸、肩、肘、手。下半身将劲力（钉劲）送达至后脚（膝盖、后脚跟），反作用力送至梢部（拳面）。滚劲、钉

动作1　六合势　　　　　　动作2　扬起双手　　　　　　动作3　右虎步炮拳

劲催动前脚（胯、膝盖、脚），向前方送劲。

（3）寸步，由上步变为虚灵步、上撩 　　　　　　（动作4、动作5）

动作4　收手换式，稍稍束身（缩），两手内转，两手腕相合引至小腹前。

动作5　同动作2，惟方向相反。

要领　扬起双手的动作和扩大束身的动作、寸步、上步相协调（"身落手起束中进"），两手放松。

内劲　丹田翻转（滚），下半身，将劲力催向胯、膝、脚，后脚蹬，用催动的劲力来进行寸步。

用法　上撩分开对手双手，用右手手腕顺势上打对手下颌。

（4）打出炮拳 　　　　　　　　　　　　　　　　（动作6）

动作6　同动作3，惟方向相反。

要领　①两手从上方画弧甩落。

②身法虽比正前方稍斜，但是步法不往外斜（"看斜却是正，后脚膝盖向正前方"）。面向正前方的同时，丹田滚动的劲力送至胯、膝、脚。后脚蹬用钉劲，保持虎步要领。

③气沉丹田，重心稳定，不上浮（稳）。

④手法和身法的束展，步法相协调。

动作4　寸步、挑落　　　　动作5　上步、虚灵步　　　　动作6　左虎步炮拳

内劲　丹田回转（滚），劲力在上半身催向胸、肩、肘、手。下半身将劲力（钉劲）送至后脚（膝盖、后脚跟），反作用力送至梢部（拳面）。滚劲、钉劲催动前脚（胯、膝盖、脚），向前方送劲。

（5）寸步，由上步变为虚灵步、上拂　　　　　　　　　　（动作7、动作8）

动作7　收手换式，同动作4，惟方向相反。

用法　用右手挡住对手右拳的攻击，破坏对手的重心。

动作8　同动作5，惟方向相反。

要点　扬起双手的动作和扩大束身的动作、寸步、上步相协调（"身落手起束中进"），两手放松。

内劲　丹田翻转（滚），下半身，将劲力催向胯、膝、脚，后脚蹬，用催动的劲力来进行寸步。

用法　上撩分开对手双手，用右手手腕顺势上打对手下颌。

（6）打出炮拳　　　　　　　　　　　　　　　　　　　　　（动作9）

动作9　同动作3。

（7）寸步，由上步变为虚灵步、上拂　　　　　　　　（动作10、动作11）

动作10　同动作4。

动作7　寸步、卷落　　　　动作8　上步、虚灵步　　　　动作9　右虎步炮拳

动作10　　　　　　　　　　动作11　　　　　　　　　　动作12

动作11　同动作5。

（8）打出炮拳　　　　　　　　　　　　　　　　　　　　（动作12）

动作12　同动作6。

（9）收功　　　　　　　　　　　　　　　　　　　（动作13、动作14）

动作13　后脚挪近至前脚，右手肘内旋至腹部，左手内旋呈鸡手，至大腿根部。

动作13　右手内旋　　　　　　　　　　　　动作14　收功

动作14　呈六合势，收功。

要领　肘不离肋、沉肩垂肘、三尖对照、含胸拔背、束尾、双目平视、全身放
松、意守丹田。

炮拳正面

动作1　六合势　　　　　　　　　动作2　两手上扬

动作3　右虎步炮拳

动作4　寸步、挑落

动作5　上步、虚灵步、上拂

动作6　左虎步炮拳

炮拳的劲力解析

上挑的同时转动手腕外翻。有起劲和弹劲。手形为鸡手

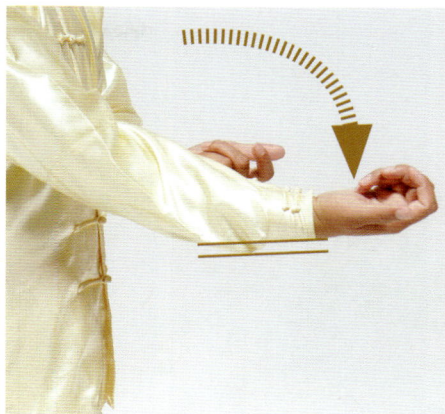

前臂下落画弧的动作与步法相呼应，形成挤劲作用于对手。如果对方有劲，可变化为横劲。拳谱云："横劲破直劲，运用之妙，存乎一心。"

炮拳似炮，属火，非炮也，有江水排岸之势

炮拳似炮，非炮也

炮拳，似爆竹炸裂般炸开（炸劲），但是，并又不仅仅如此，而是与全身相协调发出的动作和劲力。

属火

在五行中，"火"表示向上燃烧的特性，"火"能生"土"克"金"。而炮拳中两手上扬的动作正好表现了"火"的特性。

有江水排岸之势

两手臂上扬再落下的炮拳，正如江水排岸之势。

炮拳用法

心动则浑身动，熟练势法后，就无法看出形从何处出（身法谨慎）。

成六合势，心静气沉（静中有动）。

用左鸡手上撩对手的攻击。

手脚协调，搬丹田和滚丹田相协调发出劲力。

"心一动，浑身动。"

"拳打三节不见形，如见形影不为能。"

从手腕上挑转为翻手背，破进对手中门，用前臂攻击。

重心运向前方，落前臂，攻击对手的胸部和脸部。

打法歌诀：打法定要先上身，手足齐到才为真。

拳如炮形龙折身，遇敌好似火烧身。

● 横拳

横拳似弹，属土，非弹也，有轮行壕沟之势。

动作说明

（1）六合势 （动作1）

动作1 束身成虚灵步，右拳放至肚脐右侧，左掌心在腹前朝向斜下方手指朝前，左中指和鼻尖成一线，两手合住身体中心线。这也是六合势的一种，称为投手六合势，前面的可称为鸡手六合势。

要领 ①肘不离肋、沉肩垂肘、三尖（鼻尖、后脚膝尖、后脚足尖）对照、含胸拔背、缩尾、双目平视、全身放松、意守丹田。
②束身，放松呈自然状态。
③气沉丹田，呈"静中有动"的姿势。

（2）寸步、上步，成虚灵步，打出右虎步横拳 （动作2、动作3）

动作2 扩大束身，右膀下塌，右拳外旋，拳背小指侧贴大腿下磨。左寸步，右上步，呈右虚灵步。

要领 右拳外转时稍下沉右肩，回转丹田（滚丹田），和扩大束身的动作相协调。右拳、两手以及全身做放松状。

内劲 丹田逆回转（滚），下半身将劲力催向胯、膝、脚，后脚运行前进的动力，用催动的劲力来进行寸步、上步。

用法 面对对手的攻击，顺其意挡住其攻击，靠近对手。束身的同时前进（束而进）。肘部擦腋而出拳，且不离中心。通过（两肘不离肋、两手不离心）护住自己的中心，攻击对手的中心（护中心，打中心）。

动作3 成虎步，右拳向前上方内旋而起，与肚脐平。同时，左掌前伸和右拳内侧相合护住右手腕，打出。

要领 ①拳不运力，从下方向上画弧，向前方打出（轮行壕沟之势）。
②身法保持面向正前方，向前方运行滚丹田。
③后脚膝盖面向前方，不向外拉开，保持向前的姿势，滚丹田的劲力到达胯、膝、脚（钉劲）。钉劲后脚伸直，与前脚成一条直线。

动作1　六合势　　　　　动作2　寸步、虚灵步　　　　动作3　右虎步横拳

④身法展身，头向上方施顶劲。气沉丹田，重心稳定，不上浮（稳）。

⑤手法和身法的束展，步法相协调。拳至落点出拧转瞬间爆发劲力，由空心拳变为实心拳，但不要运力蓄劲。左掌和拳心合拢，指头和拳面合拢，不要超出拳面。

内劲　丹田翻转（滚），劲力在上半身催动胸、肩、肘。下半身将劲力催动至后脚跟（膝盖、后脚跟），其反作用力送至梢部（拳面）。滚劲、钉劲催动前脚（胯、膝、脚），将劲力送至前方。

用法　用横拳从内门进攻对手：如果对手用右拳攻击，我即用左手顺其右拳之势抵挡（化、吞），同时攻击对手胸部、腹部等身体中心。

（3）寸步，由上步变为虚灵步，打出横拳　　　（动作4～动作6）

动作4　收手换式，稍稍束身（缩），寸步的同时两手向左翻转，右拳变掌，左掌变拳。

动作5　同动作2。

要领　两手的动作和束身、寸步相协调。

用法　用左拳手背抵挡对手右拳的攻击，将对手的攻击轨道引向下方或后方，以破坏对手的重心。

动作6　同动作3，惟方向相反。

动作4　寸步、卷落　　　　　　　动作5　上步、虚灵步

要领　　①拳不运力，从下方向上画弧，向前方打出（轮行壕沟之势）。

②身法保持面向正前方，向前方运行滚丹田。

③后脚膝盖面向前方，不向外拉开，保持向前的姿势，滚丹田的劲力到达胯、膝、脚（钉劲）。后脚伸直，和前脚成一条直线。

④身法展身，头向上方施顶劲。气沉丹田，重心稳定，不上浮（稳）。

⑤手法和身法的束展、步法相协调。拳至落点在拧转瞬间爆发劲力，由空心拳变为实心拳，但不要运力蓄劲。左掌和拳心合拢，指头和拳面合拢，不要超出拳面。

内劲　　丹田翻转（滚），劲力在上半身催动胸、肩、肘，在下半身催动至后脚跟（膝盖、后脚跟），其反作用力送至裆部（拳面）。滚劲、钉劲催动前脚（胯、膝、脚），将劲力送至前方。

用法　　从内门进攻对手：如果对手用右拳攻击，我即用左手顺其右拳之势抵挡（化、吞），同时，攻击对手胸部、腹部等身体中心。

（4）寸步，由上步变为虚灵步，打出横拳　　　　　（动作7～动作9）

动作7　同动作4。

动作8　同动作5。

动作9　同动作6。

动作6　左虎步横拳　　　　　　　动作7　寸步、返回　　　　　　动作8　上步、虚灵步

（5）六合势收功 （动作10）

动作10　束身的同时，右寸步、左上步后，成左虚灵步，右拳向上画弧，回到肚脐
　　　　　右侧。左掌心微微朝下，手指朝前，合于中心线。

要领　①肘不离肋，沉肩垂肘，三尖对照，含胸拔背，缩尾，双目平视，全身放
　　　　松，意守丹田。
　　　　②束身，放松为自然状态。
　　　　③调整呼吸，气沉丹田，收功。

动作9　右虎步横拳　　　　　　　　　　动作10　六合势（收功）

横拳正面

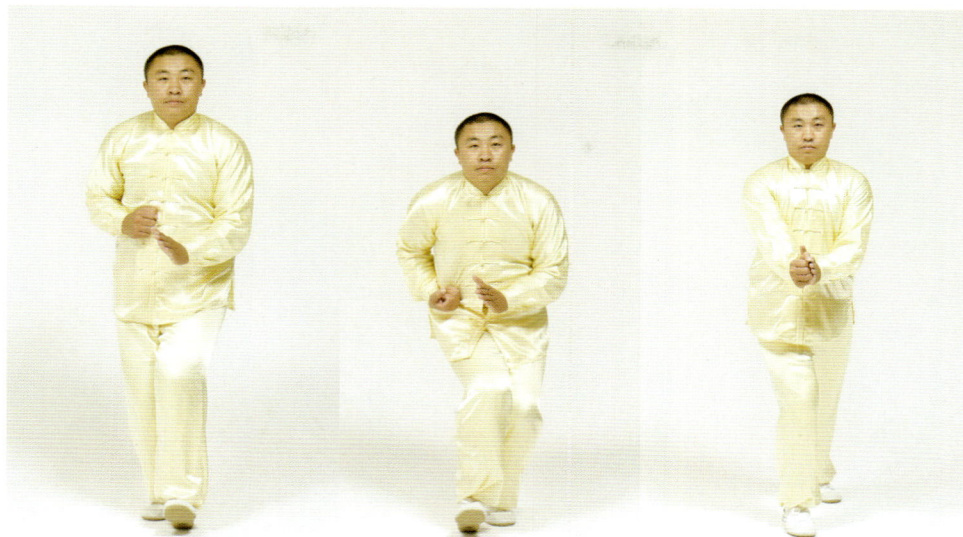

动作1 六合势

"静中有动"的姿势

动作2 寸步、虚灵步

全身的劲力集中于拳

动作3 右虎步横拳

动作4 寸步、卷落

动作5 上步、虚灵步

动作6 左虎步横拳

左肩下沉，以低望高，成轮行壕沟之势。
即便左肩下沉，也不要提起右肩。

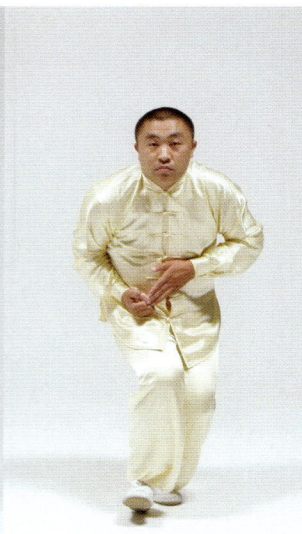

动作7　寸步、返回　　　　　动作8　上步、虚灵步　　　　动作9　右虎步横拳

前伸后蓄，蓄发结合，　　　　虚灵步里劲表现为夹剪劲。拳谱云："步
无有间断。　　　　　　　　步行动剪子股。"夹剪劲运作前进的劲力。

横拳似弹，属土，非弹也，有轮行壕沟之势

横拳似弹，非弹也

横拳像弹簧一样弹出，但是并不仅仅是弹簧之力，而是由滚丹田等全身协调弹出的劲力。

属土

土是万物生长的根本，横拳有如土般的作用。

有轮行壕沟之势

打出横拳时手背擦着大腿画弧，如同药碾碾药般往来翻滚之势。

横拳的劲力解析

图1

肩
沉肩

胸（中节）
含胸拔背

【有轮行壕沟之势】

丹田（根节）
滚

膝（中节）

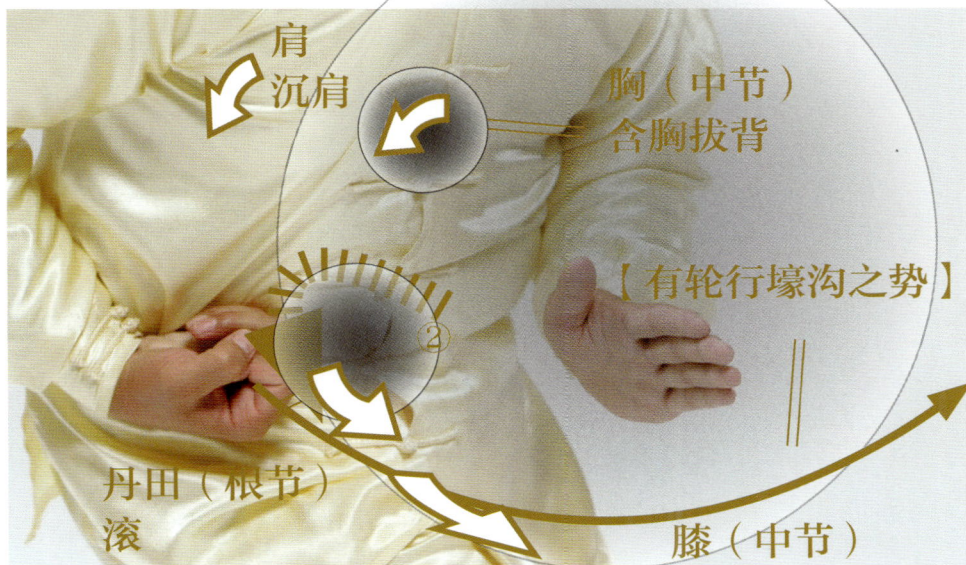

图2　在手法（①）回转的同时沉肩，丹田也回转（②）
　　　①~③中，手法为画弧，与身法协调并全身画圆，形成滚劲

滚丹田和滚劲

丹田、胸、肩等三个关节画圆时（滚），相互协调，运作出全身的滚劲，即"全身成球"般运动。

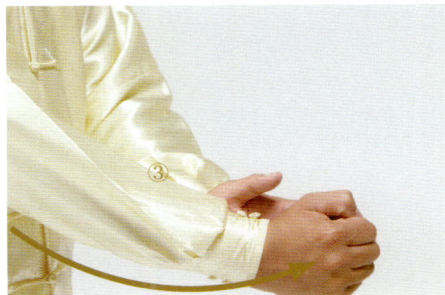

图3

沉肩

横拳中，出拳一侧的肩下沉（沉肩）。一侧肩下沉，但另一侧不要提肩。身体不成水平，而成为如同图2中展示的一部分由滚丹田而"全身成球"的身法。

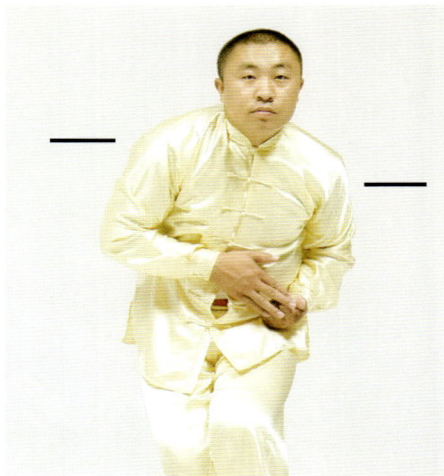

三节

根节催、中节追、梢节随。

解说 根节为原动力，催动中节和梢节，由内而外，根、中、梢连动协调并同时进行，且进行时不能有时间差。

横拳出拳时的三节和劲力

②滚丹田

③搬丹田（重心的移动）

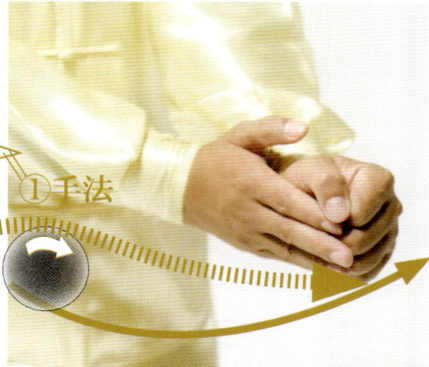

①手法

手法（①）画弧，丹田（②）回转，随着步法（③搬丹田）的移动，共同产生波浪般劲力。

丹田和手法协调运动，束而翻、展而滚（②）。滚的作用，是通过与搬丹田时重心移动的直线运动相协调，使得向前方作用的劲力不间断。

所谓滚劲，这里并不仅仅指"旋转"，也指"滚动"（在旋转的同时移动）的劲力。

横拳用法（从内门进攻对手的例子）

静中有动　　　　　　　　　　　　化、吞、进

进入中门、打

○ 示例1

　　如果对手用右拳攻击，我左手顺势挡开（**化、吞**）对手右拳的同时，进入对手的中门，攻击对手的胸部、腹部等。设想我攻打的右拳不折回，而是压住对手的左拳或者上抄对手手腕，同时出左拳也可用于防御。（打中有顾，顾中有打）

○ 示例2　从对手外侧进攻的例子

　　继续顺势左拳的例子（动作5的用法1），转化为画弧攻击，用左拳攻打对手中心。右掌贴于左拳，或补充劲力，或防御对手左手的其他攻击。

○ 特别说明：五行拳的用法

每种拳的练法只是通过不同的动作练习引导出不同方向的劲力，实际应用中要根据变化使用不同的拳法。拳谱云："因敌变化示神奇。"

五行合一法

远践、近钻，钻进合膝，钻是纵力，手起如钢叉，手落如钩阻，摩精摸劲意响连声，心一动浑身俱动。心动似火焰，肝动似飞箭，肺动成雷声，脾动即加功，肾动快如风，五行合一处，放胆即成功。起落二字自身平，盖势一字是中身。身似弩弓，拳如药箭。能要不是，莫要停势。蛰龙未起雷先动，风吹大树百枝摇。上法须要先上身，手脚齐到方为能。内要提，外要随，起是横，落是顺。拳打三节不见形，若见形影不为能。能在一思进，莫在一思存，能在一其前，莫在一其后，起横不见横，落顺不见顺。起不起，何用再起？落不落，何用再落？以低望高，起落二字于心齐。明了四梢永不俱，闭住五行永不凶，明了四梢多一精，明了五行多一气，明了三心多一力，三回九转是一势，势怕人间多一精，好字本是无价宝，有钱将往何处找，要知好字路，还往四梢求。

讲四梢

何谓四梢？舌为肉梢，牙为骨梢，手、脚指甲为筋梢，浑身毛发为血梢。四梢俱齐，五行齐发。血梢发起不凶，牙梢肉梢不知情，筋骨发起不知动，身起未动可知情，才知灵心大光明。两肘不离肋，两手不离心。出洞入洞紧随身，进步快似卷地风，疾上更加疾，打了还嫌迟。天地交合能下雨，要得法，云遮月，武艺战争蔽日光，闭住五行。里胯打人变势难，外胯打人鱼打挺。

与人交战，须明三尖：眼尖、手尖、脚尖是也，脚踏中门抢地位，就是神仙也难防。如长虫吸食，内使精神，外示安逸。守如处女，出如脱兔。追其形，追其影。纵横往来，目不及瞬。大树成林在其主，巧言莫要强出头。架梁闪折不在重，有称打起千百斤。

四梢说：人之血、肉、筋、骨之末端曰梢，盖发为血梢，舌为肉梢，牙为骨梢，指甲为筋梢，四梢用力，则可变其常态，能使人生畏惧焉。

血梢：怒气填胸、竖发冲冠，血轮速转，敌胆自寒，毛发虽微，催敌不难。

肉梢：舌卷气降，虽山亦撼，肉坚似铁，精神勇敢，一言之威，落魄丧胆。

骨梢：有勇在骨，切齿则发，敌肉可食，啮裂目突，惟齿之功，令人恍惚。

筋梢：虎威鹰猛，以爪为锋，手攫足踏，气势皆雄，爪之所到，皆可功。

演艺者，思吾之道，依吾之言，永无大害，见其理而自尊。交勇者，莫要思悟；思悟者，寸步难行。血发脚心，发起列天门，再无别疑真豪雄。

牙骨梢，仔细评，评出理来是一通。

筋骨一气要以和，天地阴阳通，一气之通，万物皆通。气之复，万物皆复，哪见痕迹，哪有阻隔，以和为始，以和为终。明天地，知吾之心意，不知吾之心意，还往四梢行。目中不时常旋转，行坐不时要用心，耳中不时常报应，语中不时常调和。

调和者，何也？调和万事吉与凶。吾有拢树之心，种苗之意，奈其人不知。

松柏四时常青，牡丹虽好，一时艳盛。松柏常绿，缘何严霜不打，因它根深心实。人心若得人心意，意思之时不回头，可喜、孝、悌、忠、信、礼义、廉耻，再思学义气而自中矣！三意无路任纵行，日备晚上去避身，知吾思悟。

何为三意？庄稼耕读万事用，只为仁、义、礼、智、信。武艺虽好世不平，路途结交要用心。晚间需防备，万事莫放松。逢桥须下马，过渡莫争先。一人莫上舟，搬重且停行。宁走高岗十里远，不走低凹一步险。未晚先投宿，鸡鸣早看天。黑夜烈风休行路，行路必有祸与凶，十人易把一人擒。有人参透这些语，万事有吉并无凶。

四把

1 四把的动作说明及用法

● 四把

四把：头把：投手加横拳；二把：挑领；三把：鹰捉；四把：斩首炮。

四平：手与膀平，肘与心平，膝与胯平，足与膝平。

歌诀

起手横拳势难招，展开四平前后梢。

望眉斩将如虎搜山。斩首炮，车行如风。鹰捉四平足下存身。

动作说明

（1）六合势 （动作1）

动作 束身，呈左虚灵步，右拳置于脐右，左掌微侧，手指向前，保护中心线。

要领 ①肘不离肋、沉肩垂肘、三尖（鼻尖、后脚膝尖、后脚足尖）对照、含胸拔背、束尾裹胯，双目平视、全身放松、意守丹田。

束身，即轻缓地将身体"缩"起来，全身自然放松。

②气沉丹田，静守不动，成"静中有动"姿势。

（2）按头势 （动作2～动作6）

此势也叫美女梳妆。

动作2 继六合势后，左寸步，右手手指下垂，并从左手指前上举。

动作3 继动作2之后，提右膝，右手继续上举。

用法 ①用右手手背、手腕上弹对手下颌。

②提膝，上顶对手裆部。若双方距离很近，就用膝盖攻击其大腿，并用脚尖踢其小腿。

动作4 继动作3后，右手拂到头部，手指若梳头状。

动作1　六合势　　　　　　　动作2　寸步　　　　　　　　动作3　提膝

动作4　上拂　　　　　　　　动作5　退步　　　　　　　　动作6　六合势

用法　①若对手左拳攻来，则用右手前腕挡开，将其力引向侧面，避开攻击（颈），并用手腕侧部挡其攻击，同时出肘攻其下颌或胸部。

②按上述动作避其攻击的同时，用膝盖攻击对手裆部或大腿。

③用右脚脚尖踢对手小腿。

④提膝防御对手下腹部对脚部的攻击。

要领　根据双方距离以及与对手的身高差距等要素，可单独使用用法①~用法④，但多数情况下可同时使用。

动作5 继动作4后，右手成抚摸右耳后部姿势，将提起的膝盖由脚尖开始着地。

动作4~动作6的梳头下捋手法，因形态称其为"美女梳头"。

用法 ①从颈部向前方出肘或劈掌，攻其胸部或面部。

②将对手左拳的攻击引向内侧（颈部），不阻其势，而是将其贴住手腕，制其重心，发起攻击。

右手从耳后绕到胸前，并下垂至肚脐右侧。脚尖着地后，在脚后跟着地时，将重心移至右脚，左脚靠近，呈虚灵步。

要领 ①动作2~动作6的手法以及车轮步的一连串动作，不可停顿，需一气呵成，初学时可放慢动作。动作4和动作6可间断练习。

②提膝后退这一连串的步法，需两膝闭合，突出夹剪劲。

（3）投手 （动作6、动作7）

动作7 由虚步转至虎步，由束身转至展身，同时推出左掌，且左掌稍斜。

要点 投手的左手肘部擦肋部，指尖护住中心（两肘不离肋、两手不离心）。

左肘和左膝相合，肘尖朝下（外三合、垂肘）。

内劲 丹田旋转（滚），上半身催动胸、肩、肘、手。下半身向后脚（膝盖，脚后跟）催动内劲（钉劲），其反作用力抵达梢部（拳面）。滚劲、钉劲同时催动前脚（胯、膝盖、脚），向前方送劲。

用法 ①若对手出左手，则用右手挡开，同时用左手手指戳其胸口。

②若对手出右拳，则用自己左前臂从该手腕外侧按压，手指戳其腹部、胸口。

（4）一寸二跱 （动作8~动作10）

动作8 身法放松（缩），手法保持投手动作，左寸步。

动作9 继上述动作之后，右脚靠近左脚，成剪子股。

动作10 左脚尖上翘，左脚呈虚步（左虚灵步），右拳内转，拳心向上。

要领 ①动作10并非是六合势，而是束身扩大后横拳的预备姿势。

②须使右拳外转、右肩稍微下垂，束身、虚灵步等动作相互协调。

（5）拗步横拳 （动作11）

动作11 从动作10开始展身，成左虎步，同时右拳内转，在下侧画弧的同时攻向前方。拳面朝前，拳心向左。左掌抱右拳，左指尖贴在右拳面，护住右手腕。

动作7 投手   动作8 一寸二跶（1）   动作9 一寸二跶（2）

动作10 虚灵步   动作11 拗步横拳、转身

要领   ①从动作7的寸步到动作11的虚灵步，寸步、剪子步和横拳须一气呵成。
②出横拳的动作，要与运行丹田的动作保持协调。

（6）转身鹞子入林   （动作12）

动作12 从横拳（动作11）开始，右膀下塌，两手置于原地，身法后脚往后拉，脚
尖外旋，前脚扣步转身。右拳变掌，五指张开，置于右大腿上。左掌置于
右肩内侧，掌心稍微向前。左脚上前，并在右脚旁。

要领   转身时，右肩下沉的动作，要与束身、放下胳膊、转身等动作保持协调。

动作12　鹞子入林　　　　动作13　挑领　　　　　　动作14　寸步

本动作模仿的是鹞子在林中起飞时，倾斜翅膀，擦身飞过树木的样子。

（7）挑领 　　　　　　　　　　　　　　　　　　（动作13）

动作13　成虎步的同时，右掌向前上方挑起，左掌下压于两腿中间。

要点　　右掌大幅度张开，使右手挑起、左手下压、虎步、展身相协调。

内劲　　丹田翻转（滚），上半身催动胸、肩、肘、手，下半身向胯、膝盖、后脚
　　　　　　跟催力（钉劲），反作用力达到梢部。滚劲、钉劲同时催动前脚（胯部、
　　　　　　膝盖、脚），向前方送劲。

用法　　注意力离开上方，攻其下方。用左掌避开对手左拳的攻击，进入对手身
　　　　　　前，用右前臂从对手裆部挑起，让对方失去重心倒下。

（8）鹰捉 　　　　　　　　　　　　　　　　　　（动作14）

动作14　寸步，上步成束身势，右手置于嘴前，掌心向内，左手手背覆盖在右手手
　　　　　　腕上。

要领　　①寸步、束身和左肘擦过腋下时的手法相协调。
　　　　　　②身落手起束中进，肘不离肋、手不离心。

动作15　继上所述，上半身不变，成虚灵步姿势。

用法　　右掌手背攻击对手脸部。

动作16　两掌重叠翻转，掌心朝前，右手在前，左手覆盖在右手手背上。

动作15　虚灵步　　　　　　动作16　翻掌　　　　　　动作17　展身

动作17 虎步展身，同时两掌保持重合姿势，指尖向前下方，画弧下捉到裆部。

用法　　向斜上方攻击，戳对方脸部，至其后仰失去重心。

　　　　　拳谱云："要得法，云遮月。""进门不能取胜，必有胆寒之心。"鹰捉就有
　　　　　云遮月的含义。

（9）斩首炮　　　　　　　　　　　　　　　　　（动作18～动作20）

动作18～19　　寸步、束身、左转同时右手握拳，左掌紧跟右前臂内侧。在两胯前、
　　　　　　　　腹部直至下颌的高度划内转弧线。

要领　　①夹肘、寸步和束身手法相协调。

　　　　　②两肘不离肋、两手不离心，身落手起束中进。

用法　　抓住对方中门的空隙，直接攻击对方下颌。

　　　　　拳谱云："落也打，束也打"，右掌防御对手左右拳的反击。

　　　　　"起也打、落也打""展也打、束也打。"

　　　　　戴氏心意拳，展身束身，皆可攻击对手。

动作20 从虚灵步转至虎步，从束身转至展身，同时在前方向下画弧线。

要领　　向下画弧线的动作，和身法、步法协调，并且同时完成。（完整一致）

内劲　　丹田翻转，在上半身催动胸、肩、肘、手，下半身将力道运转至胯、膝、
　　　　　脚后跟（钉劲、脚后跟劲），反作用力抵达梢部。滚劲、钉劲（后跟劲）
　　　　　同时催动前脚（胯、膝、脚），将劲送至右拳。

动作18　虚灵步　　　　　动作19　斩首炮　　　　　动作20　展身

要领　身如弓、手脚如箭

用法　通过这套动作的起劲和挤劲，上击对手下颌，让其失去重心，在其倒而未
　　　　倒时，通过下落补劲。（落也打）

（10）追拳
（动作21～动作23）

动作21　右拳内转，从脐前收回，拳面向上稍斜。身体微收，脚步不动。

要领　①寸步和束身、手法相协调。

　　　　②在身体和右拳收回过程中，暗藏爆发力（蓄劲成威）。

动作22　右脚寸步移动，右拳向前下方画弧线攻击。

要领　①右脚寸步和左脚上步相统一，快速进行。

　　　　②两肘夹肘，左掌心护住右拳手腕。两肘不离肋、两手不离心。

用法　①双方相距较远时：

　　　　当远离对手时，保持束身，寸步、上步直攻对手离自己最近的腹部、侧腹部。
　　　　熟练之后，在距离对手较远的位置也可以感知步法和身法的奥妙。

　　　　②当攻击被挡住时：

　　　　当对手用一只手或两只手防御攻击时，自己并非仅仅手打，而是通过将步
　　　　法、身法协调产生的合力作用于对手，击飞对手（硬打硬进无遮拦）。同时，
　　　　针对对手的直线防御，可采用画圆以吸收对手力道的手法，进而攻击吞吐。

动作23　继续上一动作，左脚上步，同时两手保持合抱姿势，收于小腹之前。

动作21　追拳　　　　　　　动作22　寸步　　　　　　　动作23　上步

（11）渠性如风　　　　　　　　　　　　　　　　　　　　　（动作24）

动作24 提右大腿，脚与膝平，膝与胯平，手与膀平，肘与心平。右拳向斜上方攻
　　　　击，拳心向上。左掌紧跟右拳小指一侧，护住右手腕侧。

要领　　①脚尖、大腿和地面平行抬起。
　　　　②束身、提膝、出拳相一致。

（12）倒轮手　　　　　　　　　　　　　　　　　　　　　　（动作25）

动作25 右脚向后落下，脚尖先着地，同时右拳变掌收回。

要领　　脚落地，同时右拳落下。

用法　　用右手攻击对手面部，也可用右手按住对手反击的左手，左手继续攻击面
　　　　部。拳谱云："拳去不空回，空回总不奇。"

（13）六合势　　　　　　　　　　　　　　　　　　　　　　（动作26）

动作26 左脚靠近右脚，同时束身，右掌变拳，放于脐右侧，左掌下放回到六合势。

要领　　①两手画弧。
　　　　②手法、身法、步法相互协调一致。

用法　　攻击之后，和对手间隔一段距离，做静候状。即使动作停止，注意力仍集
　　　　中观察对手和周围状况。

动作24　渠性如风　　　　动作25　倒轮手　　　　动作26　六合势

四把正面

六合势　　　　　　　　按头势

一寸二践

横拳　　　　　　　　转身　　　　　　　　（照片显示转身后的反方向动
　　　　　　　　　　　　　　　　　　　　作，以下图片均为反方向动作）

鹞子入林　　　　　　挑领

鹰捉

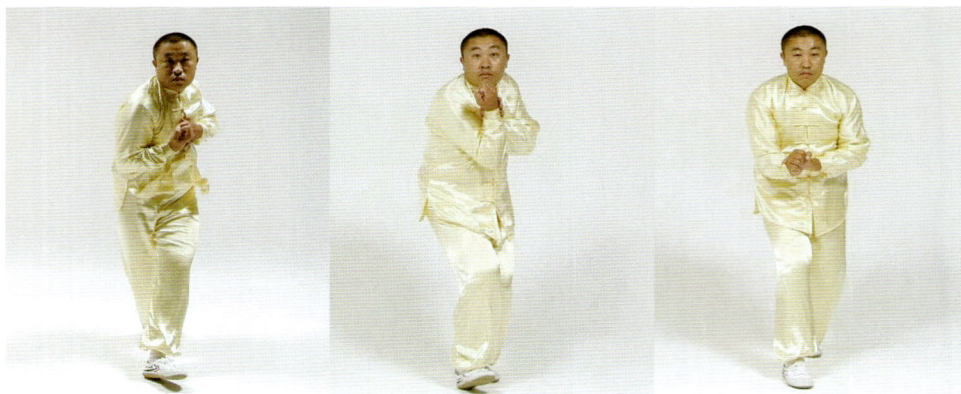

斩首炮

追拳

渠性如风　　　　　　　　倒轮手　　　　　　　　六合势

夹剪劲的动力解析

利用"夹剪"形成合力。

裹胯

大腿部、膝盖均向内扣。

左脚膝盖内侧与右脚膝盖约重合1/3。

夹剪劲

通过两刃配合，剪子就可以更好地剪东西。

"看斜却是正"

膝盖、脚尖均向内扣，虽姿势倾斜，但力道却是朝向正面的。（看斜却是正）。

寸步的距离，开始时小步练习，随着逐步熟练幅度不断增大。

做虚灵步时，裹胯动作可使后腿膝盖朝向正前方，这是因为从丹田发出的劲力不会偏离左右，而是至正前方。

● 四把用法

○ 按头势用法

用右手手背、手腕上击对手下颌。（用手背前部扫击对方面部）

用膝盖上顶对手裆部。当和对手之间存在一定距离时，则可用膝盖踢对手的大腿或小腿，也可以用脚尖踢。

手法和腿法（提膝），可选其中一种方法使用，也可两者并用。

○ 车轮步用法

四把当中，将渠性如风所用步法称为"车轮步"。

Ⅲ 挂

用脚后跟撞击对手前脚，打破对手平衡，并使其摔倒。

※ 根据实际情况，可单独使用Ⅰ、Ⅱ、Ⅲ的各自步法，也可使用Ⅰ-Ⅱ，Ⅰ-Ⅲ等组合形式，或者将Ⅰ、Ⅱ、Ⅲ三种步法连续使用。

Ⅰ 提膝

① 用膝盖上顶对手裆部或大腿。

② 当脚在前方落下时，用前膝攻击对手下腹或者大腿。

Ⅱ 踢

用脚尖踢对手的小腿或膝盖。

○ 投手用法

寸步，呈虎步，攻击对手心窝

　　寸步，练得尽力缩短与对手间的距离，"丹田一动浑身动"。"束中进"就是没有断劲，束钻劲合得紧凑，幅度小则变化大，不丢不顶，四两拨千斤，攻防自如，行动敏捷，令对手来不及反应。

○ 一寸二剪和横拳用法

一寸二剪

按照图中①→②→③的顺序有节奏地移动步子，缩小与对手之间的距离。

○ 横拳用法

　　用左手挡开对手的右拳，同时出右拳攻击对手腹部。用成虎步的左脚，去踢对手的前脚，或者进入对手中门，在对手前脚外部固定对手，以防止其逃跑。

○ 从转身鹞子入林到挑领

　　用法是针对背后的对手，转身进入对手中门，以钻进对手怀中。由肩部钻入，从肘部内侧到手腕处向上发力。

　　可通过头部、肩部、肘部内侧以及手腕等部位发力。拳谱云："反前顾后，反左顾右，变化无穷。"

○ 鹰捉用法

借助向上击打的右手力量回落，同时向前进，攻其面部。

右手动作迅速画小圆，右手手法须与步法、身法相协调。

翻转两手手掌，如老鹰抓住兔子般，手掌成圆弧形戳击对手脸部，使得对手后仰，无法发力。在步子前进的同时发力，向斜下方攻击。

王映海口传

兔子要逃走的时候，老鹰从后方赶到兔子前面，袭击兔子。

○ 斩首炮用法

右手从下方向上击出，攻其下颌。

翻转右手，用前腕将对手往正前方斜下方向推出，并将其打飞。

○ 虎豹头的心理攻击用法

微仰

微顶

【收腭】

虎豹头：束身脸部稍仰的状态，如老虎探测猎物般。

眼睛炯炯有神，通过虎豹头和身落手起相互协调，使对手重心不稳。

手虽向上抬起，但通过与身法、步法相协调，手的动作呈圆形攻击（滚），如波浪击打一般。（"起不起，落不落"即起不是起，落也不是落）

展身时，下颌微收。（收腭、微顶）

眼有监察之精
戴氏心意拳眼法

常言道："眼睛是第二脑""眼睛比嘴还会说话"，眼睛传达了人的心理、状态和行动等信息。

在武术中，要迷惑对手，可以使用眼法，可起到诱导对手，或者使对手产生错觉，或者避开时机等。戴氏心意拳的眼法，可以经常练习，从而巧妙运用。

戴氏心意拳的眼法表现丰富，可以将对手引向各种心理。

○ 追拳用法

针对强力防御

可将对方防御力量通过【吞吐】技法化解，同时前进【搬丹田】束钻，既可化解对手力道于无形，又可以进而攻击对手。

吞吐

防御
滚丹田
手法
搬丹田

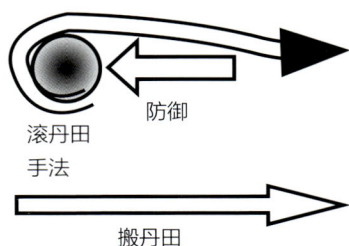

○ 大步前进攻击

间距较远时

和对手距离较远时，保持束身，寸步，上步缩短距离，攻其腹部、侧腹部。

攻击被拦截情形 1

对手用单手或双手防御攻击时，应融合步法、身法、手法，合力作用于对手，形成巨大的冲击力。

攻击被拦截情形 2

针对对手的直线型防御，通过画圆吞噬对手力道进而攻击（吞吐）。

○ 渠性如风用法

手打，脚也打。

用右拳上击对手下颌，可将右手前腕下落攻其胸部。

左手既可防御对手攻击，也可补充右拳劲力。提膝，攻击对手裆部。

手法和提膝同时进行。

右拳变掌，用小指一侧出击。同时，向前推出左掌攻击对手脸部。

攻击之后，与对手拉开一定距离，静观对手，也是蓄劲等待，但仍需集中精力观察对手及周边情况。

2 产生"劲力"的条件之三六合

内三合：心与意合，意与气合，气与力合。

外三合：手与足合，肘与膝合，膀与胯合。

内三合、外三合相融合，即成六合。所谓六合，指的是全身极为协调。

"发劲"是指全身自然协调所引出的力量。

手脚法

眼要尖手要馋，脚踏中门往里钻，眼有监察之精，手有拨转之能，脚有行程之功，趁其不备而攻之，由其不意而出之。前脚趁后脚，后脚踩腿弯，起而未起占中央，两手藏在肋下叉，两手不离肋，两手不离心，出洞入洞紧随身，脚踏中门抢地位，就是神仙亦难防。膀打一阴反一阳，两手只在洞中藏。天为一大天，人为一小天。墙倒容易推，天塌最难防，雨洒灰尘净，风顺薄云回。熊出洞，虎离窝，硬崩摘豆角，犁之下项，将有所去。虎闭其势将有所取，势正者不上，势远者不上，知远、知近、知老、知嫩，见空不上，见空不打，上下相连，心动身不动枉然，身动心不动亦枉然，手去脚不去枉然，脚去手不去亦枉然，手足齐到方为能。行如槐虫，起如挑担，随高打高，随低打低，将起就起，以低望高。打人不见形，如见形影不为能，要得法，云遮月，进门不能取胜，必有胆寒之心。起不起，何用再起，落不落，何用再落，起落二字如心齐，横劲变直劲，直劲变横劲。看正却是斜，看斜却是正。手从怀中出，脚从肚里蹬。守中央顾中央，守住中央占中央，顾住中央打中央。外胯打人难变势，旦胯打人鱼打挺。把把如炮，步步如虎，足打七分手打三，五行四梢要和全，气浮心意随时用，硬打硬进无遮拦，起无形，落无踪，起落二字无踪影，肘打去意占胸膛，好似反弓一粒精，丹田久练灵根本，五行合一见其能。

王映海口传

就像一部作品需要大家相互协作才能完成一样。

指挥者把握全局，综合判断，逐一指示，各人用高技术共同分担，各司其职，各尽其能，必能创作出优秀的作品。

动法

心动似火焰，心一动浑身俱动，内外要齐一，肝动似飞箭，肺动成雷声，脾动结架功，肾动快如风，五行合一处，放胆即成功，又胆与怒合，有胆方有决心，有怒方有杀心，有杀心有决心方可成功。故一动间喊动枝叶，一枝动百枝摇矣，学艺者身动不及心动，先到一心后到一身，能教一思进，莫教一思存，说话办事三思必无错，武艺三思必有凶，可不慎乎，又心动身不动枉然，身动心不动亦枉然，但心动身未有不动者。故武艺只在一怒间，怒者心动之谓也，怒从心上起，恶向胆边生，则胆怒合而动矣。

身法谨慎

君子若修一身真，意气君来骨肉臣。

眼有视察之功，耳有采听之能，其精灵之意在于我心。

出洞则寒之秀气逼身，入洞则冰之精气随身。

若熟见一身势法，则能辨别一形出处。

眉笑面喜唇不动，鼻骨红透逼冷手。肩打一阴翻一阳，两手只在洞中藏，两肘不离肋，两手不离心，出洞入洞紧随身。

肘打去意占胸膛，起手好似虎扑羊，进步好似卷地风。

● 武术掌握阶段

三动

心意拳发劲的练习顺序，是先轻动后重动，然后灵动。

轻动是掌握发劲的方法和路线，重动是在轻动的基础上把自身的力量逐步蓄进去，产生爆发力。灵动是轻动的方法和路线，加上重动的力量，产生刚柔相济的内劲。柔是通过刚产生的，先有刚劲，才能练出柔劲。

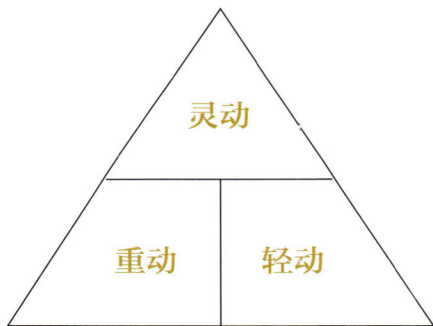

（图：三角形，顶部"灵动"，底部左"重动"，底部右"轻动"）

● 丹田养成的四个阶段

第一阶段：蹲丹田　　第二阶段：搬丹田　　第三阶段：射丹田　　第四阶段：养丹田

王喜成解说

在戴家心意拳里，田就是地，丹就是浓缩的内气精华。丹田可以理解为爆发力的聚集源头，大致位置在肚脐下方的气海处（常说的下丹田）。

蹲丹田是引导出身体的爆发力到丹田。搬丹田是将丹田引出的爆发力挪到不同方向。在蹲丹田和搬丹田阶段都要反复地意想丹田，然后才能做到意守丹田。

在射丹田阶段，丹田精缩，蓄劲极微但发劲极快，无须意想，随感而应，达到浑身无处不丹田的阶段。

在养丹田阶段，进一步精炼丹田，柔而不弱，刚而不僵，达到刚柔相济、

> 变换自在的虚灵领域。
>
> 中丹田是产生雷声和力量的地方，上丹田是产生神（杀）气的地方。

第一阶段：蹲丹田

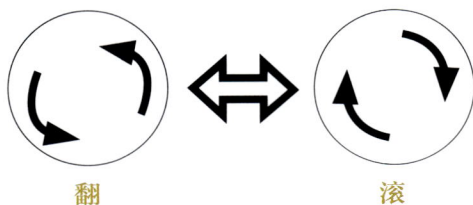

蹲丹田，是指回转丹田（翻滚）。翻滚丹田是通过束展把爆发力引导到丹田。

第二阶段：搬丹田

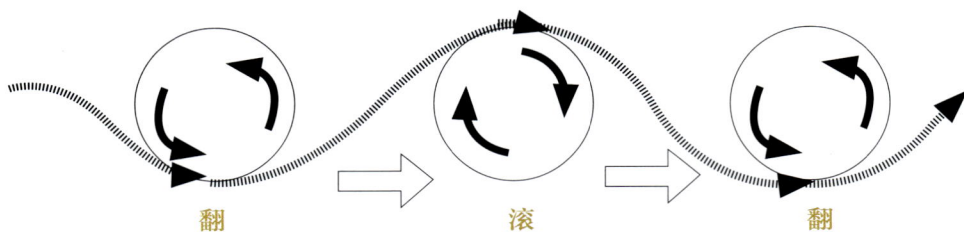

搬丹田，使翻转丹田与步法相协调，并通过移动重心，把爆发力挪到不同方位。

第三阶段：射丹田

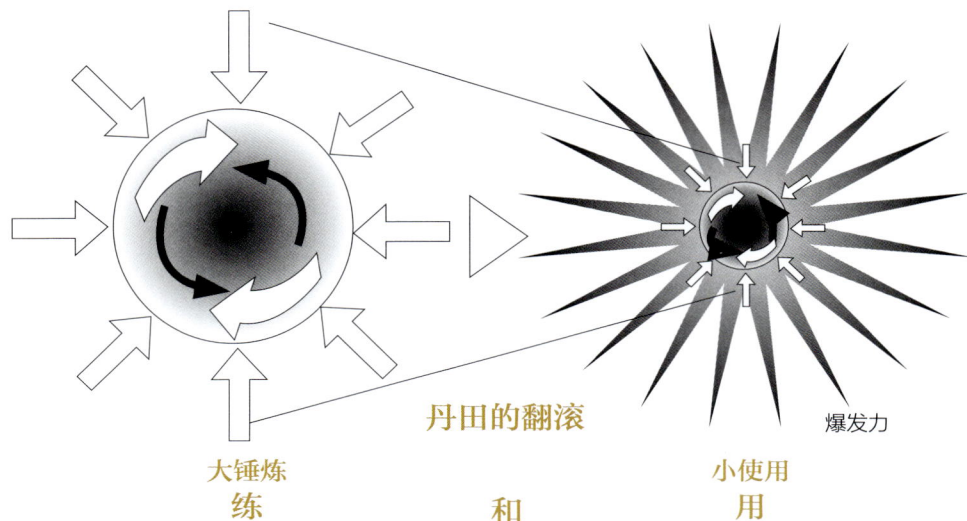

丹田的翻滚

爆发力

大锤炼

练

和

小使用

用

射丹田，即通过蹲丹田、搬丹田的锤炼，使丹田凝缩，蓄劲极微但发劲极快，射丹田具有强大的爆发力。

第四阶段：养丹田

养丹田，是指经过蹲丹田、搬丹田、射丹田后锤炼的丹田更加精炼，从而达到刚柔相济、变幻自在的虚灵境界。

> 重神不重形，重内不重外。
> 拳无拳来意无拳，无意之中是真意。

王喜成寄语

一、判断武术真假的方法

武术源于生活，是世代先辈们从生活中观察、揣摩、参悟而积累、提炼的精华，先有拳，后有谱。拳法在不同时期里、不同人群中、不同环境下会发生相应的变化，如果对此不了解，则容易产生误解，也会误导别人。拳谱是通过文字来记载拳法，在记录、誊写过程中，可能会有因笔误、口误，音同字不同或方言等导致的误差，所以判别武术真假的方法，是要在拳法、拳理、拳谱基本合一的基础上，看其是否与生活接轨。人都是趋利避害的，凡事追求少走弯路、提高效率。所以在选择老师之前，必须先问自己"为什么"，选择跟随老师学习后，则要问老师"为什么"，即通过这个动作能收获什么，这样时刻判断、总结、调整，技艺才可提高。

二、武术的核心源于生活

武术，术就是方法，方法的作用就是指导习拳者在自身已有基础上进一步提升，所以不要迷信什么拳种好，什么拳种不好。任何拳种都是武术，都是基于自身基础以作提升的一种帮助、一种指导。任何武术的一招一式，任何门派的任何人都可以用来练习，重要的是练习时要心形合一，也就是必须要与生活接轨。因此，这里仍旧要强调的是，武术的核心源于生活，在练拳的过程中，我们就要和生活作对比、找劲道。例如，人走路时有摩擦声，没有撞击声，而好多人练拳时，脚下会发出"咚、咚"的撞击地面的声音，这个就是错误的。再例如，雷声是随着身体劲力的爆发产生的声音，在生活中，人的声音都是用嘴发出的，而不是用鼻腔发出的，用鼻腔发声会有阻力，伤内脏。

三、关于放松

好多老师都要求学生在练拳时放松，其实这是错误的。因为松不是刻意做到的，而是老师通过讲解拳法的合理角度、尺寸、火候，让学生能做到一个内意与外形平衡的结构，然后学生勤奋练习，做到熟能生巧，巧能生妙，从而自然放松。如果本来角度、尺寸、火候就不正确，学生做不到一个平衡的结构，老师口头上再要求放松，那么学生一辈子都放松不了，所以，有想法，再加上正确的方法，才会收获果实。有想法而没有正确的方法，到头来只是幻觉。圈里经常有人说自己研究出、悟出了什么东西。有正确的传承方法，通过练习，才会悟出更深层的道理。

四、关于呼吸、五趾抓地、收臀提肛

拳谱上讲的呼吸、五趾抓地、收臀提肛等，如在练习过程中想这些，那就错了。这些只是对拳法练习过程的记录，实际在练习过程中不必想这些，因为这些都是人与生俱来的功能，本来就会，不必再学，所以拳谱只是记录与总结，可以参考，但不能在练习中完全照搬。练拳主要还是学习师传的角度、尺寸、火候，形成合理、平衡的结构。

五、关于桩功的练习方法

缩束是蓄劲，展涨是为了爆发能量，所以不要理解为蹲的时间越长，功夫越大。蹲下来停住，是为了给自己充足的时间去衡量角度、尺寸、火候；展身之后停住，是为了给自己充足的时间做判断、总结、调整。随着对拳法的熟悉程度的提高，束展之间的时长也应缩短。事物本来是相合，分开是为了更好的相合，所以，一开始，束展要分开，最后，要做到"束展二字一命亡"，一气呵成。

用法

1 十大形

龙形

● 龙形用法

  若对手出右拳，则需前进寸步用左前腕避开（用拳或掌攻其下颌，前腕攻其胸口）。前进寸步，配合左拳，手法的防御以及攻击力量将会大大提升。

  提左膝，上踢对手裆部或前腿，用左脚后跟连踹对手腹部，同时出右掌攻其脸部。

马形

● 马形用法

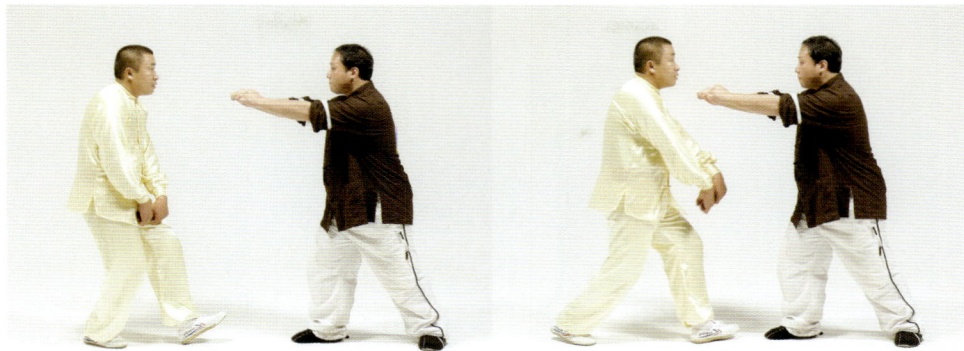

当对手双拳攻来或想抓住自己时，前进寸步两手扇开，挡开对手两拳（领、化），进而化解对手力道。

提膝，上顶对手裆部或前腿，右拳下击对手腹部。右膝上顶对手腹部，右脚踩踏对手脚部，或撞击对手的脚（踩）。

寸步、提膝、落步一气呵成。

● **鹰形用法**

鹰形

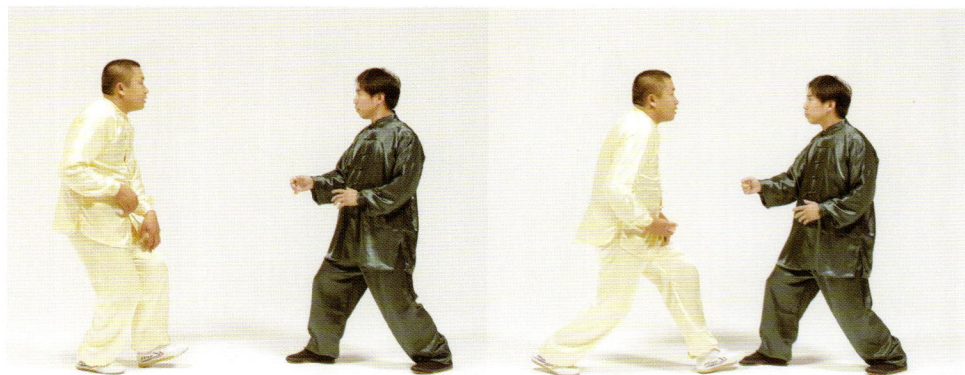

若对手出右拳，则需前进寸步，用左前腕挡开，同时用右掌手指攻其腹部后上击对手下颌右侧，并用前腕攻其胸部。

两手合翻，画弧般上戳包住对手脸部，使其颈部后仰，向后倒下。提右膝上顶对手裆部，进入对手中门，破坏对手中心和重心，防止对手后退进行防御。

鹰捉兔时，鹰爪盖住兔头使其无法逃脱。

● 熊形用法

右掌和左前腕相配合，集中步法、身法的劲力，使对手受左拳攻击，失去重心。

针对从其他方向攻击而来的对手，运用熊形步改变方向，用右前腕挡开，用左拳和左肩攻击。

熊形

2 其他用法

● 白鹤亮翅用法

对手踢腿时，我稍向后，避开力点，右手上提对方来脚。

手画弧线，向对手中心出击。

对手必跌出。

● 捉边炮用法

　　在对手出右拳之际，前进寸步用左手挡开，用肘部上击对手胸口，上步，进中门，成虎步，右手前腕下攻对手中心。

　　破坏对手中心，将对手击出。

● 攒拳用法

对手若出右手抓向自己胸部，我则用右手抓住这只手（拿），左前腕上压对方右臂，抓住其关节（拿），拧腰右旋，整体施加螺旋劲于对手。

若被对手抓住头发，我即锁住对手的手腕（反关节拿法），撤步侧身旋转，使其被动失势。

● 搂把用法

对手压住或抓住自己肩部时，束身（缩），双手托住对手腋窝，提起对手重心（起），画弧般向下攻击（落）。

磨手

● 要领

磨手，是指在和对手接触的攻击防御过程中，洞察对手动向，锻炼自身反应的一种练习方法。

要领即舍己从人，舍去拙力，感知对手的动向、接触点和对手整体行动。这是一种跟随对手动向，将其导向有利于自身的方向，进而攻击对手的练习方法。

● 练法

磨手并无固定形式，是在自由的动作中感知对手动向的感觉训练。为了达到应对对手动向的训练目的，要进行放松的、不使用拙力的练习。

喂手：练法的用法

甲：王映海（黑服）　　　乙：王喜成（黄服）

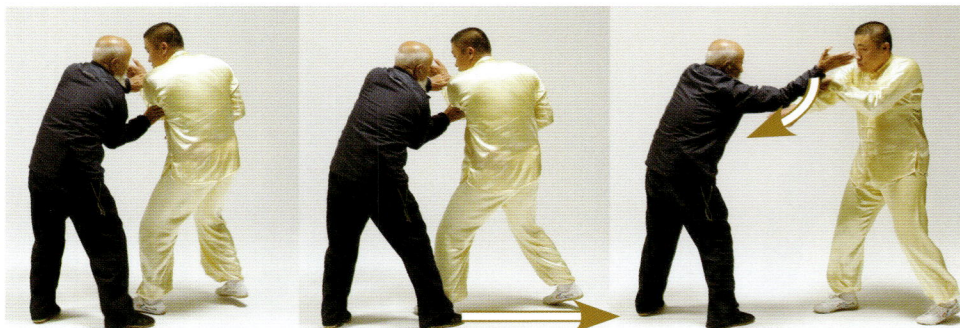

● 技击练习

喂手：用法的用法

磨手的练法中融入技击进行练习。技击有打法（打击）、擒拿法（关节技）、摔法（投技）等。

磨手的技击练习中，以熟知与对手的阴阳交感、相互作用等为目的。因此，首先要感知对手的动作和力道的作用，并练习如何应对。

乙要上顶甲的下巴，在甲面前伸出手时，甲左脚上前一步（上步），躲过乙的攻击，使其重心前倾，同时甲的左脚跟紧乙的右脚外侧，占其中心。

乙想要后退调整重心时，甲在该动作之前出击。

乙前进顶甲的前胸时，甲提右脚屈膝前倾以挡住乙方攻击，托住乙方右臂向右旋转，使其重心上提，上步，从乙的外侧取其中心，进而进攻，使乙方跌倒。

王映海技击集

戴氏心意拳所培养的并不是外形，而是包含在其中的内意，是心意和内劲的巧妙变化。仅仅是轻轻的碰触，也可以使对手重心上浮。全身发出的劲力毫无破绽，使对手无法捕捉，也没有应对之术。

若对手继续攻击，则需集中精力，以便在防御的同时展开进攻。

运转丹田，身法由束身展开，手法也在画圆时进行，圆小而锐利。

在对手只是前进时，需将劲力作用于对手。

不论上下，攻击在无形中显真意。

与对手接触时，迅速将劲力渗透于对手的身体里。

接触之后，开始发劲，作用于对手身体的中心。

身体上下起落，自由变化。无形之中，即使力量增大对手也无法看清动作。

手法一上一下不断变化，熟练之后的劲力，如同水中翻滚的波浪，使对手不见端倪，就连劲力的开始、方向和力道也浑然不知。

学艺问答录

心意拳基础

问： **怎样练好心意拳？**

答： 首先，要接地气。中华武术是我国古代劳动人民从长期的生产生活实践中总结出来的，心意拳也不例外。武术源于生活，所以我们在练习时必须要与生活结轨，要接地气。

其次，要掌握正确的练习方法。武术，术就是方法，练武术就是要掌握正确的方法。一个简单的动作反复地做，练的时候一定要以质取胜而不是以量取胜。老辈人常说，练拳是磨艺，而不是卖苦力。要耐得住性子，长期积累自然会有收获，因为"平常心即是道"。

第三，要把握好拳理和拳法的关系。拳谱上说的是拳理，拳法是练习的方法。理论是在实践的基础上总结出来的，武术是先有的拳，后有的谱，拳法在不同时期、不同环境会发生不同变化，而谱是基本不会变的，即便有小的变化也是口误或音同字不同。所以，拳谱是给会练的人留的，明拳法才能懂拳理，不是明拳理才懂拳法，拳理拳法要合二为一。

练好心意拳有以下几个方面的因素，用一个公式来表示就是：武学技艺＝本钱（人本身的力量、悟性、杀气）+符合阴阳的动作（缩、束、展、胀、上、下、左、右、前、后，蓄劲和重心、中心）+时间（功夫）

问： **心意拳中讲的"六合"是什么？**

答： 六合就是内外三合。内三合是心与意合、意与气合、气与力合；外三合是手与脚合、肘与膝合、膀与胯合，也就是说要做到内外三合的协调统一。从主要方面讲是六合，实际上不止这些合，我们日常生活中所有的自然动作都是六合。

问： **练拳时是不是必须做到收臀提肛、五趾抓地？如何做到收臀提肛？**

答： 收臀提肛、五趾抓地，在理论上讲，是有这些的，但在实际练习与运用过程中，是不能要求这些的，因为收不收臀、提不提肛、五趾抓不抓地，本身人就有这个功能，该收自然会收，该提自然会提，不用去想。比如人在坐着的时候，只要想站起来，不用想收臀提肛、五趾抓地，臀部自然就会收起，肛门自然就会收缩，五趾也自然会抓地，这是人身体的本能。再比如练蹲猴桩的时候，我们一弓腰就会自然收臀提肛，如果练习过程中去想五趾抓没抓地，有没有收臀提肛，就练成"拳呆子"了。

问： 练拳时如何做到放松？放松的标准是什么？

答： 放松不是想出来的，放松的前提是要做到动作的尺寸、角度正确，正确了就平衡了，平衡了就自然了，自然了就放松了。放松的标准是尺寸、角度正确的基础上，够支撑自重的力量就可以。比如我们平时自然坐着的时候就是平衡状态，我们就是放松的。

问： 练拳时如何调整呼吸？

答： 练功时要以意念引导自然的内呼吸，再结合毛孔呼吸（体呼吸），也就是外呼吸，使内外呼吸合二为一。吸时，将气经肺引至丹田，归到涌泉。呼时，引导出爆发力，劲达四梢。做到束时吸气，展时呼气，鼻吸口呼，呼中有吸，吸中有呼，呼吸自然；以意领气，以气催劲，劲达四梢，最终达到全身协调统一。

问： 什么是丹田？

答： 田就是地，地就是一个空间，通过这个空间，得到一个果实，丹就是这个果实。丹田可多方位翻滚，丹是可以向四面八方直弹直射。丹田分上中下三个，上丹田在两眉之间，中丹田就是两乳之间，下丹田，也就是气海，在脐下三寸的位置。好多人认为丹田越硬、越大越好，实际上丹田松软才能瞬间爆发，如果是硬的，爆发就迟钝了。

问： 什么是意守丹田？

答： 先有想后有守，先是意想丹田，才能做到意守丹田，没有意想就做不到意守。意想就是长期练习，练得有了感觉的方法。有想法、没方法是幻觉，有想法、有方法就会有结果。意守就是通过意想掌握了正确的练习方法，通过练习到达一定境界，做到柔而不弱、刚而不僵、不卑不亢、不丢不顶、阴阳相合、刚柔相济、虚实互用，这就达到意守的境界了。

问： **练好心意拳要分几个阶段?**

答： 主要分三个阶段：

第一阶段是练好身法。要练好身法，就要练好丹田气；要练好丹田气，就必须练好蹲猴桩（象形取意）。蹲猴桩就是把人体想象成一个球体，通过外形动作先缩和束、后展和胀达到训练的目的。缩和束是为了蓄劲，展和胀是为了爆发，就是靠丹田气和身体的惯性展和胀，结合意境的变化，通过长期反复练习，使下丹田（主气）、中丹田（主力）、上丹田（主神）的气、力、神融为一体，最终达到熟而生巧，巧而生妙，神聚上丹的境界。这就练出了一个整体爆发力，没有爆发力就没有杀伤力，然后再通过雷声（就是身体展胀的时候，一瞬间爆发产生出来的声音）把劲引导出来。相当于造好了一台发动机，起到产生动能的功效。

第二阶段是练好步法。脚有行程之功，是练步法的要求，通过练习"搬丹田"，就是把站蹲猴桩练出来的丹田气、爆发力引导到腿上，做到丹田催胯、胯催膝、膝催脚，最后做到"起前脚，带后脚，平飞而去"。好比一台车的变速箱，把气变到脚上。

第三阶段是练好手法。手有拨转之能，是练手法的要求。在练好身法、步法的基础上，把站蹲猴桩练出来的丹田气和爆发力，引导到手上，也就是丹田催胸、胸催膀、膀催肘、肘催手，做到节节贯通。

通过身法、步法、手法的练习，使身法的力量贯穿到根节、中节、梢节，由内而外，做到根节催、中节随、梢节追。结合腰胯的旋转（就是斜正），就可以做到随机应变。

蹲猴桩

问： **练蹲猴桩要分几个步骤?**

答： 要分三个步骤：

一是轻动。就是方法和路线，相当于盖房子的图纸。

二是重动。就是在方法和路线掌握熟练的基础上，逐步把自身的力量蓄到七八成，蓄劲火候要掌握在你能驾驭的情况下逐步增加，不能超负荷，否则就会破坏结构，会卡住，劲就打不出去。重动练出来的是明劲，明劲就是看得见、摸得着的劲。重动里头就有一定拙力的成分，比如，一开始要求放松不要有拙力，理论上讲是对的，但实际上做不到，必须通过长时间磨炼，熟能生巧了，就协调自然，没有拙力了，就能放松了。

三是灵动。轻动与重动结合起来练习，练到一定阶段形成灵动，灵动纯度高了以后，就会形成暗劲。暗劲是不发声的劲；动作幅度很小就能产生很大威力的劲；纯度很高，杂贡基本等于零的劲；练到了丹田的境界的劲；浓缩成精华的劲。

轻动、重动、灵动三者不能截然分开，比如练轻动时，慢慢就会有重动的成分；练重动时，慢慢就会有灵动的成分。

问： 练蹲猴桩时，眼看天花板，这样的姿势正确吗？

答： 不正确。拳谱里讲："头要微仰，却要正，二目平视，眼与目合，虎豹头。"武术源于生活，练拳要和生活接轨，一个人自然坐的时候，眼睛去看天花板，这个动作肯定是不自然的。练功时也一样，眼睛如果看天花板，头肯定就不是微仰，眼睛也不是平视，这与拳理的要求是不相符的，与日常生活的自然动作也是不相符的，所以这样肯定是错的。只有按照拳谱要求，同时遵从自然的法则才是正确的。

问： 练蹲猴桩时重心应该放在脚的哪个位置？

答： 重心在脚掌还是在脚跟，没有绝对的标准，每个人的感觉不一样，自然站立时重心在脚的哪个位置就是哪个位置。

问： 练蹲猴桩时怎样处理缩和束的关系？

答： 要先缩后束，缩是横向的，由含胸裹胯为主组成；束是纵向的，由弓腰、头微仰、腿弯曲组成。缩和束的前半部分大约缩为七成，束为三成，缩中带束，以缩为主；后半部分大约缩为三成，束为七成，束中带缩，以束为主。

问： 为什么练蹲猴桩时束身以后和展身以后都要停顿一下？停顿多长时间为宜？

答： 每次练束和展之后必须有意停顿一下，停顿的时间不是越长越有功夫，一般以三五秒钟为宜，束了以后马上停住，把心和形切断，不能有展的意思，要有充足的时间来判断识别你的动作是否符合要领规矩，同时要把气贯足；展了以后也要停住不动，同样判断一下动作是否符合要领规矩，同时把劲打透。

问： 练蹲猴桩的束和展在速度上应该怎样把握？

答： 如果束的速度比展的速度慢了，就会蓄劲不足，展的时候爆发力也不足，从用法的角度讲，"起也打、落也打，起落二字如水中之翻浪"，如果二者不协调，就达不到意守丹田的境界，这时就会出现爆发力虚，重心不稳，头的顶劲不集中的问题。所以，缩与展的力量、速度要相同，更重要的是轻动和重动时头的顶劲的角度要基本一致。

问： "雷声"是用鼻子还是用嘴发出来的？

答： 雷声是爆发产生出来的声音。人在日常体力劳动中，发声是用嘴发的，所以，练功时雷声一定要用嘴发出来。从嘴发声是舒展发声，用鼻子发声会有阻力，不通畅，就会影响到内脏。

问： 怎样能练出"雷声"的穿透力？

答： 靠身体的协调性和惯性，爆发点的火候，胆与怒相合产生的杀气（也就是意境的变化），就会发出有穿透力的"雷声"。

问： 练功时是舌顶上腭还是舌抵上腭？牙齿应该是怎样的？

答： 舌抵上腭，而不是顶，只要舌头挨住上腭就会产生唾液，所以不需要顶，练熟后抵上腭也不用了，开始只是起个引导作用。牙齿做到微叩即可。

步法与技击

问： 练步法时，前后脚重心的比例是多少？

答： 练步法时，理论上讲前后脚重心的比例是前三后七，但这不是绝对标准，这个比例是根据实际情况而有所变化的，也有可能是前四后六，或者前二后八。

问： 前脚挨住地，重心全在后脚，这种说法对吗？

答： 不对，因为前脚只要挨地，就必然要承受一部分重量，不可能重心全在后脚。

问： 身法、步法、手法在技击中如何运用？

答： 相同的环境、不同的意境就会发生不同的变化。不同的时期不能用相同的方法。比如，在练习阶段，就要用"练法的用法"，练到一定程度就要学习"用法的用法"，在实际技击中要明白"法无定法"的道理，不能"死按套路出牌"，而要做到"整学零使唤，活学活用"。

问： 练步法的时候有什么注意事项？

答： 练步法时脚后跟先落地，然后脚掌着地，两个脚转换的时候才发劲，才五趾抓地。如同人平时走路一样，如果练步法时发出的是磨擦声，就是对的，如果发出的是撞击声，就是错的。发出撞击声，从身体角度讲，对膝盖有伤害；从技击角度讲，会产生阻力。

问： 为什么说"身如弓，手如箭"？在技击中身、手、脚三者的关系是什么？

答： 拳谱上讲，"身如弓，手如箭"。"身如弓"就是说练拳时身体好比三张弓，含胸裹胯是横向的两张小弓，束身是纵向的一张大弓。"手如箭"就是说用手去攻击对方的时候，就如同身体这张弓射出去的箭一样。

拳谱上没有说"脚如箭"，但是"六合"中讲"手与脚合"，"手到脚不到枉然，脚到手不到枉然，手脚并到方为能"，所以，应该说"身如弓，手脚如箭"，才能起到"遇敌好似火烧身，束身直进虎扑羊，束展二字一命亡"的效果。

问： 在技击攻防中注意哪些要领？

答： 要注意三个要领：一要做到攻中有防，防中有攻，攻防自如；二要做到守中央、占中央，守住中央顾中央，顾住中央打中央；三要做到把握住自己的重心，掌握住自己的中心，控制住对方的中心，破坏对方的重心。

问： 心意拳主要有哪些劲？分别怎样解释？

答： 心意拳前辈大师们在长期的实践过程中，主要总结了十种劲，分别是束、钻、抖、撬、刹、踩、扑、裹、舒、决。束、束身一也；钻，是伸也；抖，是横也；撬，是顺也；刹，是住也；踩，如踩毒物也；扑，扑者如兔虎之扑也；裹，包裹而不露也；舒，舒者舒展其力也；决，决者决裂心肠也。

心意拳
拳谱

十六注法

一寸、二践、三钻、四就、五夹、六合、七齐、八正、九惊、十劲、十一起落、十二进退、十三阴阳、十四五行、十五动静、十六虚实

一寸——寸步也。

二践——腿也。

三钻——伸也。

四就——将起就起，随高而起，随低而落。

五夹——夹剪之夹也，即谷道上提，两股夹紧也。

六合——内外三合合二为一合，成其六合也。

即心与意合，意与气合，气与力合，为内三合；

膀与胯合，肘与膝合，手与足合，为外三合。

七齐——头、手、肘、膀、胯、膝、足齐，人身等为有十四拳却是十三拳，头为两拳。

八正——直也，看正却是斜，看斜却是正。

九惊——惊起四梢论，毛发为血梢、舌为肉梢、牙为骨梢、指甲为筋梢。

十劲—— 摩经摩劲，意气连心。

十一起落——起是去也，落是打也，起亦打，落亦打，起落二字如水中之翻浪，方谓起落也。

十二进退——进步低，退步高，看进而退也，看退而进也，进退不明枉学艺。

十三阴阳——看阴而有阳，看阳而有阴，无阴不生，无阳不长，天地阴阳相合能下雨，拳术阴阳相合成其一块，皆为阴阳也。

十四五行——未从开拳动五行，内五行要动，外五行要随。

十五动静——动为作用，静为本体，若言其静，未露其机，若言其动，未见其迹，动静是发而未发之间，谓之动静。

十六虚实——虚是精也，实是灵也，精灵皆有，成其虚实，拳经曰：精养灵根气养神，养功养道见天真，丹田养就长命宝，万两黄金不与人。天为一大天，人为一小天，墙倒容易推，天塌最难擎，雨洒灰尘净，风顺薄云回。熊出洞，虎离窝，硬绷摘豆角，犁之下项，将有所去，虎闭其势，将有所取，势正者不上，势远者不上。知远、知近，知老、知嫩，知窄、知宽，上下相连。心动身不动则枉然，身动心不动亦枉然，一战要势吊鬼，闪展腾挪，足底虽随明，只是把式，打来亦算好武艺，或问曰：尔以何艺为先？答曰：行如槐虫，起势如挑担，手从怀中出，脚从肚里蹬。

旋转

丈夫学得擎天手，旋转乾坤明不朽，岂止区区堪小试，鸿功大业何难有。

旁通

不是飞仙体自轻，居然电影令人惊，看他挑拨奇谋势，尽是旁通一片灵。

冲空

一波未定一波生，仿佛蛟龙水面行，忽而冲空高处跃，水中翻浪细思寻。

熊意

行行出洞老熊形，为要防心胜不伸，得丧只争斯一点，真情寄予有情人，声高雄勇令人惊。

鹰势

英雄处世不骄矜，遇便何妨一学鹰，最是九秋鹰得意，擒完狡兔便超升。

虎风

撼山容易撼军难，只为提防我者完，猛虎施威头早抱，齐心合意仔细阅。

鹏情

一艺求精百功成，功成云路自然通，扶摇试看鹏飞势，才识男儿高世风。

雷声

夺人千古仗先声，声里威风退万兵，就是痴情天不怕，迅雷一震也应声。

风行

为峥封姨刀最神，拆花吹柳转风轮，饶他七处雄兵还，一扫空尘一路空。

葆真

六朝全盛庆升平，武事仍随文事精，安不忌危危自解，与人何事更无争。

凤翅铛

军中兵器忽成祥，两翅居然似凤凰，可是似禽还羽化，古来阵上一翱翔。
师真谁见凤来仪，有器先成全盛机，欲媲岐山鸣瑞美，洗兵天苑太平时。

盘根

根株于带阵相因，盘结多端赖有人，猿背封侯谁可恨，千钧一发见其神。

旋转

翻身向天仰射手，左右旋转名不朽，果毅既成岂小试，唐臣褒鄂功亦有。

旁通

何尔一瓶载若轻，恢谐上殿寺人惊，任凭施尽弓弩法，仙籍旁通万变灵。

冲空

武里勇力冠群生，夺得昆仑无夜行，直凝将军天外降，冲空霹雳使人惊。

翻浪

落花流水面文章，韬略无须畏强梁，八阵翻浪千载仰，须臾变化就能量。

熊意

桓桓写出老熊形，山麓藏身意欲伸，只父爪牙聊一试，群惊辟易万千人。

鹰势

风尘同处曷容矜，飞跃苍茫试学鹰，势岂空拳爪力勇，擒拿奸兔不落空。

虎风

风云成阵又何难，环卫储胥士卒完，蒙马虎皮成霸绩，陈师予可同参。

鹏情

武穆天成百战功，不烦指教自然通，翼云忠以金牌并，鹏亦因情转世风。

风行

飒爽英姿信有神，腾骞无碍轶双轮，试看行止真暇整，指顾风生净翅尘。

雷声

谁将旗鼓壮军声，凯唱欢呼退敌兵，岂是空谈三捷武，闻雷失者自应惊。

葆真

梯航万国颂承平，奋武拨文事有精，善性葆真洵可乐，行将雀鼠念无争。

讲四梢

何谓四梢？

舌为肉梢，牙为骨梢，手、脚指甲为筋梢，浑身毛发为血梢。

四梢俱齐，五行齐发，血梢发起不凶，牙梢肉梢不知情，筋骨发起不知动，身起未动可知情，才知灵心大光明。

两肘不离肋，两手不离心，出洞入洞紧随身，进步快似卷地风，疾上更加疾，打了还嫌迟，天地交合能下雨，要得法云遮月，武艺战争蔽日光，闭住五行。

里胯打人变势难，外胯打人鱼打挺，与人交战，须明三尖：眼尖、手尖、脚尖是也。脚踏中门抢地位，就是神仙也难防。

如长虫吸食，内使精神，外示安逸。

守如处女，出如脱兔，追其形，追其影，纵横往来，目不及瞬。大树成林在其主，巧言莫要强出头。架梁闪折不在重，有称打起千百斤。

四梢说：人之血、肉、筋、骨之末端曰梢。盖发为血梢，舌为肉梢，牙为骨梢，指甲为筋梢，四梢用力，则可变其常态，能使人生畏惧焉。

血梢：怒气填胸，竖发冲冠，血轮速转。

敌胆自寒，毛发虽微，催敌不难。

肉梢：舌卷气降，虽山亦撼，肉坚似铁。

神勇敢，一言之威，落魄丧胆。

骨梢：有勇在骨，切齿则发，敌肉可食。

啮裂目突，惟齿之功，令人恍惚。

筋梢：虎威鹰猛，以爪为锋，手攫足踏。

气势皆雄，爪之所到，皆可功。

讲五虎

何为五虎？

五行五精即此五虎，后世里，行动营用计，如风雷疾，惊动四梢，四梢裹紧要封闭，蛰龙未起雷先动，风吹大树摆枝摇，五行本是五道关，无人把守自遮拦。

无意求财去采花，难出大坑一阵间。

讲十面埋伏阵势，再意参想，莫相人前逞势强，好强一定受颠狂，人不能欺天灭地。

究竟此阵之争，是我自己不明所失，料理到比阵悔之晚矣！

解此阵不明，是自己不知，明到三心，不犯不自为戒律，既知巧手心不明，既知攻足心不明，既知蹬桥下自空。

论此桥事，有何缘故，此桥即是智谋，过此桥纯凶无吉，以何为故。

以后理事，见是桥下凶，如不小心指轻为重，切莫中此桥之计。

大将伤坏三十二位，以后的千众有余，如不是拆桥计，齐伤他阵里。

未出净，眼楼猛见三条路，脚下有窨井，后有火烧身，可往前进，可往后退，幸遇拆桥之计，莫拆净，两空留一空，后人可行。

逢一生一风一，非能见之，涂恶能议其好歹。

要务壮农先受苦，未至寒冬早备棉，看书千卷备应考，武艺只论见识浅。

世事人情都一般，看人心专与不专。

有人留意数句话，命宜求通也不难。

言不明，艺不精，只怕误伤世上人。

百鸟飞投林会，一处求憩各自安。
蜜蜂采花调一处，成其为蜜人羡慕。
人彼开花树满红，不知结果几个成。
精密之言约立身，全其为人在明心。
心既明了万法灭，照破世间无罪孽。
已心明了万法终，自有贤人归吾宗。

后　记

　　《王映海传戴氏心意拳精要》的成书是种种机缘和合而水到渠成的。一者戴氏心意魅力独特，二者贵人相助处处逢源。本书的日文版在国内也有流通，网上要价不菲，也有人向我高价购买。这说明戴氏心意日益受到广大武友的热爱与重视，也说明日版的制作确实精良，能获得其他同类书籍中所没有的信息。尤其是摄影制图，丰富、全面、细致，值得国内出版武术书籍的同行学习。

　　序言中已经感谢了中方的各位朋友，在此也感谢本书日文版的工作人员，除了重要协助者袁天辉外，还有翻译森本濠、黄恭惠，拍摄助手村上正洋、甲斐正也、江口博、佐藤宏信，照片整理者黑葛原圭一、前田互、大浜。

　　另外，在制作中文版的过程中，回忆起自幼练拳时爷爷的教导、自己后来独自教学与独自练习时新的感悟，还有师徒间关于练拳的各类问题的即兴问答，其实都可以作为练习戴氏拳的参考。但是由于篇幅有限、时间有限，上述大多数内容未能载入此次出版的书中，希望今后有机会、有条件时，能将这些更具实践性、经验性、指导性的内容记录成册，以飨读者。

王喜成

武学名家典籍丛书

孙禄堂武学集注

（形意拳学　八卦拳学　太极拳学　八卦剑学　拳意述真）

孙禄堂　著　　孙婉容　校注　　　　　　　定价：288 元

杨澄甫武学辑注

（太极拳使用法　太极拳体用全书）

杨澄甫　著　　邵奇青　校注　　　　　　　定价：178 元

陈微明武学辑注

（太极拳术　太极剑　太极答问）

陈微明　著　　二水居士　校注　　　　　　定价：218 元

（第一辑）

李存义武学辑注

（岳氏意拳五行精义　岳氏意拳十二形精义　三十六剑谱）

李存义　著　　阎伯群　李洪钟　校注　　　定价：268 元

张占魁形意武术教科书

张占魁　著　　吴占良　王银辉　校注

薛颠武学辑注

（形意拳术讲义上编　形意拳术讲义下编　象形拳法真诠　灵空禅师点穴秘诀）

薛　颠　著　　王银辉　校注　　　　　　　　　定价：358 元

（第二辑）

陈鑫陈氏太极拳图说（配光盘）

陈　鑫　著　　陈东山　陈晓龙　陈向武　校注　　定价：328 元

董英杰太极拳释义

董英杰　著　　杨志英　校注

许禹生武学辑注

（太极拳势图解　陈氏太极拳第五路　少林十二式）

许禹生　著　　唐才良　校注

（第三辑）

李剑秋形意拳术

李剑秋　著　　王银辉　校注

刘殿琛形意拳术抉微

刘殿琛　著　　王银辉　校注

靳云亭武学辑注

（形意拳图说　形意拳谱五纲七言论）

靳云亭　著　　王银辉　校注

（第四辑）

武学古籍新注丛书

王宗岳太极拳论

李亦畲　著　　二水居士　校注　　　　　　　　定价：50 元

太极功源流支派论

宋书铭　著　　二水居士　校注　　　　　　　　定价：68 元

太极法说

二水居士　校注　　　　　　　　　　　　　　　定价：65 元

（第一辑）

手战之道

赵　晔　沈一贯　唐顺之　何良臣　戚继光　黄百家　黄宗羲　著

王小兵　校注　　　　　　　　　　　　　　　　定价：65 元

（第二辑）

百家功夫丛书

张策传杨班侯太极拳108式　（配光盘）

张　喆　著　　韩宝顺　整理　　　　　　　　　定价：48 元

河南心意六合拳　（配光盘）

李洳波　李建鹏　著　　　　　　　　　　　　　定价：79 元

（第一辑）

形意八卦拳

贾保寿　著　　武大伟　整理　　　　　　　　　定价：52 元

张鸿庆传形意拳练用法释秘　　　　邵义会　著

王映海传戴氏心意拳精要　（**附光盘**）

王映海　口述　　王喜成　主编　　　　　　　　　定价：198元

戴氏心意拳功理秘技　　　　　　　王　毅　编著

（第二辑）

传统吴氏太极拳入门诀要　　　　　张全亮　著

华岳心意六合八法拳　　　　　　　张长信　著

程有龙传震卦八卦掌　　　　　　　奎恩凤　著

杨振基传太极拳内功心法　　　　　胡贯涛　著

刘晚苍内家功夫及手抄老谱　　　　刘晚苍　刘光鼎　刘培俊　著

（第三辑）

民间武学藏本丛书

守洞尘技　　　　　　　　　　　　崔虎刚　校注

通臂拳　　　　　　　　　　　　　崔虎刚　校注

心一拳术　　　　　　　　　　　　李泰慧　著　　崔虎刚　校注

六合拳谱　　　　　　　　　　　　崔虎刚　校注

少林论郭氏八翻拳　　　　　　　　崔虎刚　校注

（第一辑）

心意拳术学　　　　　　　　　　　戴　魁　著　　崔虎刚　校注

武功正宗　　　　　　　　　　　　买壮图　著　　崔虎刚　校注

太极纲目　　　　　　　　　　　　崔虎刚　校注

神拳拳谱　　　　　　　　　　　　崔虎刚　校注

精气神拳书·王堡枪　　　　　　　崔虎刚　校注

（第二辑）

慰苍先生金仁霖——太极传心录　　　　金仁霖　著

习武见闻与体悟　　　　　　　　　　　陈惠良　著

（第一辑）

中道皇皇
——梅墨生太极拳理念与心法　　　　梅墨生　著

乐传太极与行功

乐　匋　原著　　钟海明　马若愚　编著

（第二辑）

民国武林档案丛书

太极往事　　　　　　　　　　　　　季培刚　著

（第一辑）

图书在版编目（CIP）数据

王映海传戴氏心意拳精要 / 王映海口述；王喜成主编. —北京：北京科学技术出版社，2017.5（2022.10重印）

（百家功夫丛书）

ISBN 978-7-5304-8815-7

Ⅰ. ①王… Ⅱ. ①王… ②王… Ⅲ. ①心意拳 – 基本知识 Ⅳ. ① G852.14

中国版本图书馆CIP数据核字（2017）第009438号

策划编辑：王跃平
责任编辑：胡志华
责任印制：张　良
封面设计：许　烈
版式设计：北京锋尚制版有限公司
出 版 人：曾庆宇
出版发行：北京科学技术出版社
社　　址：北京西直门南大街16号
邮政编码：100035
电　　话：0086-10-66135495（总编室）　　0086-10-66113227（发行部）
网　　址：www.bkydw.cn
印　　刷：保定市中画美凯印刷有限公司
开　　本：710mm × 1000mm　1/16
字　　数：310千
印　　张：18
版　　次：2017年5月第1版
印　　次：2022年10月第3次印刷
ISBN 978-7-5304-8815-7

定　　价：198.00元（配光盘）